Grundkurs Verfassungsrecht
– Skriptum –
2. Auflage

# Grundkurs Verfassungsrecht
## – *Skriptum* –
## 2. Auflage

von

## Dr. Uwe Kischel
Professor an der Ernst-Moritz-Arndt-Universität Greifswald

Greifswald 2009

*Bibliografische Information der Deutschen Bibliothek:*
*Die Deutsche Bibliothek verzeichnet diese Publikation in der Deutschen Nationalbibliografie; detaillierte bibliografische Daten sind im Internet über <http://dnb.ddb.de> abrufbar.*

© 2009 Prof. Dr. Uwe Kischel

Layout und Umschlaggestaltung: Philipp Kohlbecher

Herstellung und Verlag: Books on Demand GmbH, Norderstedt.

Printed in Germany.

Dieses Buch wurde im On-Demand-Verfahren hergestellt.

ISBN 978-3-8370-2330-5

# Inhalt

Die angegebenen Zahlen sind Foliennummern, keine Seitenzahlen.

## 1. Teil: Grundrechte

**A. Einführungsfall: Rechtsradikale Demonstration in Greifswald?** ... 1
I. Grundlagen ... 3
II. Schutzbereich ... 4
   1. Versammlung ... 4
   2. „friedlich und ohne Waffen" ... 5
   3. Schutzumfang ... 5
III. Eingriff ... 5
IV. Schranken ... 6
   1. unter freiem Himmel → Gesetzesvorbehalt ... 6
   2. in geschlossenen Räumen → kollidierendes Verfassungsrecht ... 6

**B. Grundrechtsträger und Grundrechtsverpflichtete** ... 7
I. Grundrechtsträger ... 7
   1. Natürliche Personen ... 7
      a. Jedermannsrechte und Deutschenrechte (Menschen- und Bürgerrechte) ... 7
      b. Grundrechtsmündigkeit ... 8
      c. pränatal und post mortem ... 8
   2. Juristische Personen des Privatrechts ... 9
   3. Juristische Personen des öffentlichen Rechts ... 10
I. Grundrechtsverpflichtete ... 11
   1. Staat ... 11
      a. Grundsatz ... 11
      b. Problem: Handeln der Verwaltung nach Privatrecht ... 11
   2. Private – Die Drittwirkung ... 13
      a. Unmittelbare Drittwirkung ... 13
      b. Mittelbare Drittwirkung ... 14
   3. Supranationale Gewalt ... 14

**C. Eingriff und Schranken** ... 15
I. Eingriff ... 15
II. Schranken ... 16
   1. Arten von Grundrechtsschranken ... 16
      a. verfassungsunmittelbare Schranken ... 16
      b. Gesetzesvorbehalt ... 17
      c. verfassungsimmanente Schranken ... 17

```
        2. Verhältnismäßigkeit ........................................................................... 19
            a. Hintergrund ................................................................................ 19
            b. Prüfungsfolge ............................................................................. 19
                (1) Zwecksetzung des Gesetzgebers .................................... 19
                (2) Geeignetheit ..................................................................... 19
                (3) Erforderlichkeit ............................................................... 20
                (4) Angemessenenheit/Zumutbarkeit (= Verhältnismäßigkeit i.e.S.) ...... 20
        3. Verfassungsmäßigkeit im übrigen .................................................... 21
            a. Zitiergebot (Art. 19 I 2 GG) ....................................................... 21
            b. Bestimmtheitsgebot ................................................................... 22
            c. Verbot von Einzelfallgesetzen (Art. 19 I 1 GG) ......................... 22
            d. Wesensgehaltsgarantie (Art. 19 II GG) ...................................... 23
                (1) absolute Theorien ............................................................ 23
                (2) relative Theorie ............................................................... 23
        4. Prüfungsaufbauten ............................................................................ 24
            a. Grundschema Grundrechtsprüfung ............................................ 24
            b. Grundschema Rechtmäßigkeitsprüfung eines Gesetzes ............ 25
```

## D. Menschenwürde (Art. 1 Abs. 1 GG); allg. Handlungsfreiheit, allg. Persönlichkeitsrecht (Art. 2 Abs. 1 GG) .................................................................................. 26
I. Menschenwürde als „oberster Wert" ............................................................. 26
    1. Grundrechtscharakter ............................................................................ 26
    2. Eingriff in den Schutzbereich ................................................................ 27
    3. Schranken .............................................................................................. 28
II. Allgemeine Handlungsfreiheit, Art. 2 I GG ................................................. 29
    1. Der Streit um den Schutzbereich .......................................................... 29
        a. ältere Auffassung: Persönlichkeitskerntheorie ................................ 29
        b. ganz hM: Allgemeine Handlungsfreiheit (Elfes) ............................. 30
        c. Sondervotum Grimm („Reiten im Walde") ..................................... 30
    2. Konsequenzen der hM ........................................................................... 31
    3. Die Schrankentrias (nach hM) ............................................................... 31
III. Allgemeines Persönlichkeitsrecht, Art. 2 I i.V.m. 1 I GG .......................... 32
    1. Systematisierung des Schutzbereichs .................................................... 32
    2. Schranken ............................................................................................... 33
        a. Schrankentrias .................................................................................. 33
        b. sog. Sphärentheorie ......................................................................... 34

## E. Berufsfreiheit, Art. 12 GG .......................................................................... 35
I. Grundkonzeption ≠ Wortlaut ......................................................................... 35
II. Schutzbereich ................................................................................................ 35
    1. Beruf ....................................................................................................... 35
    2. Ausbildungsstätte .................................................................................. 36
    3. Arbeitsplatz ............................................................................................ 36

    4. Aufbauprobleme .................................................................................. 36
III. Eingriff ............................................................................................................ 37
IV. Schranken ...................................................................................................... 37
    1. Die 3-Stufen-Theorie als Ausprägung der Verhältnismäßigkeit ............ 37
    2. Abgrenzungsprobleme ........................................................................... 39
        a. Wahl oder Ausübung? – Die Berufsbilder ...................................... 39
        b. Objektive oder subjektive Zulassungsvoraussetzungen .................. 39
    3. Durchbrechungen der Stufentheorie ...................................................... 40

## F. Grundrechtsfunktionen; Kollisionen und Konkurrenzen ........................... 41
I. Klassische Grundrechtsfunktionen (Jellinek) .................................................. 41
    1. status negativus ..................................................................................... 41
    2. status positivus ...................................................................................... 41
    3. status activus ......................................................................................... 41
II. Die subjektive Funktion: Grundrechte als Abwehrrechte ............................... 42
III. Die objektiven Funktionen ............................................................................. 42
    1. Grundrechte als Einrichtungsgarantien ................................................. 42
    2. Grundrechte als Auslegungs- und Entscheidungsmaßstab .................... 43
        a. grundrechtskonforme Auslegung .................................................... 43
        b. objektive Wertordnung .................................................................... 43
    3. Vornahmerechte aus Grundrechten ....................................................... 44
        a. Grundrechte als Schutzpflichten ..................................................... 44
        b. Grundrechte als Leistungsrechte ..................................................... 45
        c. Grundrechte als derivative Teilhaberechte ...................................... 46
        d. Grundrechte auf Organisation und Verfahren ................................. 47
IV. Konkurrenzen ................................................................................................. 47

## G. Meinungs-, Presse- und Informationsfreiheit, Art. 5 GG ........................... 48
I. Fünf Grundrechte des Art. 5 GG ...................................................................... 48
II. Meinungsfreiheit .............................................................................................. 48
    1. Schutzbereich ........................................................................................ 48
        a. Meinungen ....................................................................................... 48
        b. Tatsachenbehauptungen ................................................................... 49
    2. Eingriff .................................................................................................. 50
    3. Schranken .............................................................................................. 50
        a. Begriff der „allgemeinen Gesetze" ................................................. 50
        b. Jugendschutz und Ehre .................................................................... 50
        c. Wechselwirkung .............................................................................. 51
        d. Zensurverbot .................................................................................... 51
    4. objektive Wirkungen ............................................................................. 52
III. Informationsfreiheit ........................................................................................ 53
IV. Pressefreiheit .................................................................................................. 54

## H. Exkurs: Die Verfassungsbeschwerde ............................................................ 55
I. Grundschema der Prüfung ................................................................................. 55
II. Die Zulässigkeitsprüfung .................................................................................. 56
    1. Antragsberechtigung, § 90 I BVerfGG ........................................................ 56
    2. Beschwerdegegenstand, § 90 I BVerfGG .................................................... 56
    3. Beschwerdebefugnis, § 90 I BVerfGG ......................................................... 56
        a. Möglichkeit einer Grundrechtsverletzung ................................................ 56
        b. „selbst, gegenwärtig und unmittelbar betroffen" ..................................... 57
            (1) selbst ................................................................................................ 57
            (2) gegenwärtig ..................................................................................... 57
            (3) unmittelbar ...................................................................................... 58
    4. Rechtswegerschöpfung und Subsidiarität ................................................... 58
    5. Form und Frist ............................................................................................... 59
III. Die Begründetheitsprüfung .............................................................................. 59
IV. Die Verfassungsbeschwerde in der Praxis ...................................................... 60
    1. Das allgemeine Register ............................................................................... 60
    2. Das Annahmeverfahren ................................................................................ 60
    3. Die Praxis der Senatsverfahren .................................................................... 60
    4. Das Problem des einfachen Rechts .............................................................. 60
    5. Die Substantiierungserfordernisse ............................................................... 60

## J. Gleichheitssatz, Art. 3 GG ................................................................................ 61
I. Der allgemeine Gleichheitssatz, Art. 3 I GG .................................................... 62
    1. Prüfungsaufbau .............................................................................................. 62
    2. Gleiche oder ungleiche Behandlung ............................................................ 62
    3. Gleiche und ungleiche Eigenschaften ......................................................... 62
        a. Feststellung von Gleichheit / Ungleichheit ............................................. 62
        b. Lit. z.T.: Suche nach einem gemeinsamen Oberbegriff ......................... 63
        c. Lit. z.T.: Gleichheit / Ungleichheit muß wesentlich sein ....................... 63
    4. Rechtfertigung ............................................................................................... 64
        a. idealtypische Grundpositionen ................................................................. 64
        b. gestufte Prüfung ......................................................................................... 65
        c. Besonderheiten der Verhältnismäßigkeitsprüfung beim Gleichheitssatz? .... 66
    5. Besondere Rechtsfolgen ............................................................................... 66
II. Besondere Anforderungen aus Art. 3 II, III GG ............................................. 67
    1. Grundsatz ....................................................................................................... 67
    2. verbotene Anknüpfungspunkte .................................................................... 67
    3. insbes.: Gleichberechtigung von Mann und Frau ...................................... 68

## K. Glaubens- und Gewissensfreiheit, Art. 4 GG ................................................ 69
I. Grundaufbau ......................................................................................................... 69
II. Religions- und Weltanschauungsfreiheit ......................................................... 70
    1. Schutzbereich ................................................................................................ 70

       a. Begriffe ................................................................................................ 70
       b. geschütztes Verhalten ......................................................................... 70
       c. Problematik ......................................................................................... 71
       d. Kollektive Freiheit .............................................................................. 72
    2. Eingriff ...................................................................................................... 72
    3. Schranken .................................................................................................. 73
    4. Obj.-rechtliches Verhältnis von Staat und Kirche, Art. 4, 140 GG .......... 73
III. Gewissensfreiheit ............................................................................................. 74
IV. Recht auf Kriegsdienstverweigerung, Art. 4 III GG ....................................... 75

## L. Eigentum, Art. 14 GG ......................................................................... 76
I. Eigentumsgarantie ............................................................................................. 76
    1. Instituts- und Bestandsgarantie ................................................................ 76
    2. Begriff des Eigentums .............................................................................. 77
       a. Grundsatz ............................................................................................ 77
       b. Einzelfragen ........................................................................................ 78
II. Inhalts- und Schrankenbestimmung ................................................................ 79
    1. Begriff ........................................................................................................ 79
    2. Einordnung von Einzelfalleingriffen ....................................................... 79
III. Enteignung ....................................................................................................... 80
    1. Begriff der Enteignung ............................................................................. 80
       a. zielgerichtet ......................................................................................... 80
       b. durch Rechtsakt ................................................................................... 80
       c. vollständig oder teilweise ................................................................... 80
       d. Entziehung ≠ Übertragung ................................................................. 80
    2. Anspruch auf Entschädigung ................................................................... 81
       a. Enteignung .......................................................................................... 81
       b. zum Wohl der Allgemeinheit ............................................................. 81
       c. Verhältnismäßigkeit ............................................................................ 82
       d. Junktimklausel .................................................................................... 82
    3. Umfang der Enteignungsentschädigung ................................................. 83
       a. In der Praxis ........................................................................................ 83
       b. Verfassungsrechtlich .......................................................................... 83
IV. Ausgleichspflichtige Inhaltsbestimmung ....................................................... 85
    1. Grundlagen und dogmatische Struktur ................................................... 85
       a. Voraussetzungen der Ausgleichspflicht ............................................. 85
       b. Anforderungen an Ausgleichregelungen ........................................... 86
       c. Ausgleichspflicht in Geld? ................................................................. 87
    2. Problem der salvatorischen Klauseln ...................................................... 88

## M. Die übrigen Grundrechte: Ein Überblick ....................................... 89

# 2. Teil: Staatsorganisationsrecht

**A. Rechtsstaat** .................................................................................................... 90
   I. formeller und materieller Rechtsstaat ............................................................. 91
   II. Gewaltenteilung ............................................................................................ 91
      1. Die Trennung der drei Gewalten ................................................................ 91
      2. Gewaltenvermischung und -verschränkung ............................................... 92
      3. Neuzeitliche Aspekte der Gewaltenteilung ................................................ 92
   III. Vorrang und Vorbehalt des Gesetzes ............................................................ 93
      1. Die Normenhierarchie ................................................................................ 93
         a. Der Gesetzesbegriff .............................................................................. 93
         b. Geschriebene Rechtsquellen ................................................................ 93
            (1) Verfassung ....................................................................................... 93
            (2) Europarecht ..................................................................................... 93
            (3) Formelles Gesetz ............................................................................. 95
            (4) Verordnung (VO) ............................................................................ 95
            (5) Satzung ........................................................................................... 95
            (6) Exkurs: Verwaltungsvorschriften ................................................... 95
         c. Rangordnung: Grundregeln ................................................................. 96
      2. Vorrang des Gesetzes ................................................................................. 96
      3. Vorbehalt des Gesetzes .............................................................................. 97
         a. Herleitung ............................................................................................. 97
         b. Was ist „Gesetz" i.S.d. Gesetzesvorbehalts? ....................................... 97
         c. Reichweite des Gesetzesvorbehalts ..................................................... 98
            (1) Grundsatz ........................................................................................ 98
            (2) Wesentlichkeitstheorie (BVerfG) ................................................... 98
            (3) Spezielle Bereiche .......................................................................... 99
   IV. Meßbarkeit und Verläßlichkeit, insbes. bei Gesetzen ................................. 101
      1. Rechtssicherheit und Vertrauensschutz, insbes. Rückwirkungsverbot ..... 101
         a. Unterscheidung echte / unechte Rückwirkung .................................. 101
         b. Rechtsfolgen echter / unechter Rückwirkung .................................... 102
         c. Vertrauensschutz im übrigen .............................................................. 103
      2. Bestimmtheit und Klarheit ....................................................................... 104
   V. Verhältnismäßigkeit ..................................................................................... 104
   VI. Exkurs: Rechtsweggarantie, Art. 19 Abs. 4 GG ......................................... 105
      1. Wer ist „öffentliche Gewalt"? ................................................................... 105
      2. Behauptung, „in seinen Rechten" verletzt zu sein .................................... 107
         a. Beschränkung auf eigene Rechte ....................................................... 107
         b. Bloße Behauptung .............................................................................. 108
      3. Rechtsweg ................................................................................................ 108
      4. Effektiver Rechtsschutz ............................................................................ 108
   VII. Exkurs: Die Ewigkeitsgarantie, Art. 79 Abs. 3 GG .................................. 108

**B. Demokratieprinzip** ............................................................................................. 109
I. Grundgedanken ...................................................................................................... 109
II. Demokratische Legitimation ................................................................................. 109
III. Zustimmung der Beherrschten als Grundgedanke ............................................... 110
IV. Demokratie als Prozeß ......................................................................................... 110

**C. Sozialstaatsprinzip** ........................................................................................... 111

**D. Republik** ............................................................................................................ 112

**E. Bundesstaatsprinzip** ........................................................................................ 112

**F. Bundestag** ......................................................................................................... 113
I. Wahlperiode, Verfahren, Struktur ........................................................................... 113
    1. Wahlperiode ...................................................................................................... 113
    2. Verfahren .......................................................................................................... 114
    3. Struktur ............................................................................................................. 115
        a. Präsident, Ältestenrat .................................................................................. 115
        b. Ausschüsse .................................................................................................. 115
        c. Fraktionen .................................................................................................... 115
II. Gesetzgebung ........................................................................................................ 116
    1. Verfahren im BT ............................................................................................... 116
    2. schlichte Parlamentsbeschlüsse ........................................................................ 116
III. Rechtsstellung der Abgeordneten ......................................................................... 117
    1. Das freie Mandat, Art. 38 Abs. 1 GG ............................................................... 117
    2. Indemnität ......................................................................................................... 117
    3. Immunität .......................................................................................................... 118
    4. Weitere Rechte und Pflichten ............................................................................ 118
IV. Untersuchungsausschüsse .................................................................................... 119

**G. Bundesrat** ......................................................................................................... 120
I. Funktion, Zusammensetzung, Verfahren ................................................................ 120
II. Mitwirkung an der Gesetzgebung ......................................................................... 121
    1. Einspruchs- und Zustimmungsgesetze .............................................................. 121
        a. Unterscheidung und Folgen ......................................................................... 121
        b. Problemfall Änderungsgesetz ...................................................................... 122
    2. Vermittlungsausschuß ....................................................................................... 123
        a. Verfahren bei Einspruchsgesetzen ............................................................... 123
        b. Verfahren bei Zustimmungsgesetzen .......................................................... 123
    3. Endgültiges Zustandekommen des Gesetzes, Art. 78 GG ................................ 124
        a. bei Einspruchsgesetzen ................................................................................ 124
        b. bei Zustimmungsgesetzen ........................................................................... 124
        c. Probleme bei streitiger Einordnung des Gesetzes ....................................... 125
        d. Sachliche Diskontinuität des Bundtags ....................................................... 125

  e. Exkurs: Inkrafttreten der Gesetze, Art. 82 GG ............... 125

**H. Bundesregierung** ............... **126**
I. Bildung der Bundesregierung ............... 126
 1. Kanzlerwahl, Art. 63 GG ............... 126
 2. Bestimmung der Minister, Art. 64 GG ............... 127
 3. Vertrauensfrage, Art. 68 GG ............... 127
 4. Konstruktives Mißtrauensvotum, Art. 67 GG ............... 127
II. Rechtliche Arbeitsweise der Bundesregierung ............... 128
 1. Kanzlerprinzip ............... 128
  a. Richtlinienkompetenz, Art. 65 S. 1 GG ............... 128
  b. Organisationsgewalt ............... 128
 2. Ressortprinzip: selbständige Leitung Geschäftsbereich, Art. 65 S. 2 GG ............... 129
 3. Kabinettsprinzip, Art. 65 S. 3 GG ............... 129

**J. Bundespräsident** ............... **130**
I. Funktionen und Wahl ............... 130
II. Gegenzeichnungspflicht, Art. 58 GG ............... 130
III. Prüfungsrecht, insbes. bei der Gesetzesausfertigung ............... 132
 1. formelles Prüfungsrecht ............... 132
 2. materielles Prüfungsrecht ............... 132

**K. Wahlrecht** ............... **134**
I. Wahlsysteme ............... 134
II. Wahlgrundsätze, Art. 38 Abs. 1 S. 1 GG ............... 134
 1. allgemein ............... 134
 2. unmittelbar ............... 134
 3. frei ............... 135
 4. geheim ............... 135
 5. gleich ............... 135
  a. passives Wahlrecht ............... 135
  b. aktives Wahlrecht ............... 135
   (1) Zählwert und Erfolgswert? ............... 136
   (2) Problem: 5%-Klausel ............... 137
   (3) Problem: Grundmandatsklausel ............... 137
   (4) Problem: Überhangmandate ............... 138
   (5) Problem: Effekt des sog. negativen Stimmgewichts ............... 139
III. Wahlprüfung ............... 140
IV. Wer ist das Volk? ............... 140

**L. Politische Parteien** ............... **142**
I. Begriff, Funktion, Parteienprivileg ............... 142
II. Demokratische Binnenstruktur, Art. 21 Abs. 1 S. 3 GG ............... 143
III. Parteifinanzierung ............... 143

IV. Chancengleichheit, Art. 21 Abs. 1 i.V.m. Art. 3, 28 Abs. 1 S. 2 GG ............... 144

**M. Gesetzgebungskompetenzen im Bundesstaat** ............................................. 145
I. Kompetenzverteilung im GG ............................................................................. 145
    1. Grundsätzliche Zuständigkeit der Länder, Art. 70 GG ................................ 145
    2. Ausschließliche Gesetzgebung des Bundes, Art. 71, 73 GG ....................... 145
    3. Konkurrierende Gesetzgebung, Art. 72, 74 GG ........................................... 145
        a. Kernkompetenzen, Art. 72 Abs. 1 GG ..................................................... 146
        b. Bedarfskompetenzen, Art. 72 Abs. 2 GG ................................................ 146
        b. Abweichungskompetenzen, Art. 72 Abs. 3 GG ...................................... 147
II. Ungeschriebene Kompetenztitel ....................................................................... 148

**N. Ausführung der Bundesgesetze im Bundesstaat** ......................................... 149
I. Ausführung durch Länder als eigene Angelegenheit, Art. 84 GG .................. 149
II. Ausführung durch Länder im Auftrag des Bundes, Art. 85 GG .................... 150
III. Bundeseigene Verwaltung, Art. 86, 87 GG .................................................... 151
    1. durch Bundesbehörden ................................................................................ 151
        a. mit eigenem Verwaltungsunterbau ........................................................ 151
        b. ohne eigenen Verwaltungsunterbau ...................................................... 152
    2. durch bundesunmittelbare Körperschaften und Anstalten ...................... 152
IV. Mischverwaltung; Dritte Ebene ....................................................................... 153

# Grundkurs Verfassungsrecht
## – 1. Teil: Grundrechte –

**A. Einführungsfall: Rechtsradikale Demonstration in Greifswald?**

Fall:

Am 1. Mai 2009 will die kürzlich neugegründete Partei „Deutscher Widerstand (DW)" eine Demonstration unter dem Motto „Gerechtigkeit im eigenen Land – Arbeit nur für Deutsche" in der Greifswalder Innenstadt abhalten. Die zuständige Behörde ist entsetzt und fürchtet um das Image der Stadt. Sie möchte die Demonstration verbieten. Erstens verstießen rechtsradikale Demonstrationen ohnehin gegen die freiheitlich-demokratische Grundordnung; sie seien deshalb gar keine Demonstrationen im Rechtssinne. Zweitens sei DW als rechtsradikale Partei zu verbieten und dürfe deshalb auch keine Reklame durch eine Demonstration machen. Drittens sei mit einer gewalttätigen Gegendemonstration durch autonome Gruppen zu rechnen. Schließlich sei bekannt geworden, daß bei der Demonstration Hakenkreuzfahnen getragen werden sollten. Der Leiter des Rechtsamts hat allerdings Bedenken, ob ein Verbot wirklich möglich sei. Er bittet Sie als Praktikant im Rechtsamt um eine Stellungnahme zur verfassungsrechtlichen Zulässigkeit des Verbots.

## I. Grundlagen

Standardaufbau der Grundrechtsprüfung:
- Schutzbereich
- Eingriff
- Schranken

Struktur des Art. 8 GG:
- Abs. 1 (geschlossene Räume): vorbehaltslos
- Abs. 2 (freier Himmel): Gesetzesvorbehalt

## II. Schutzbereich

### 1. Versammlung

a) innere Verbindung durch gemeinsame Zweckverfolgung ≠ Ansammlung

b) Inhalt des gemeinsamen Zwecks (str.):

z.T.: gemeinsame Meinungsbildung und -äußerung in öff. Angelegenheiten

z.T.: gemeinsame Meinungsbildung und -äußerung in beliebigen Angelegenheiten

z.T.: jeder Zweck

c) Zwei, drei oder sieben? → hL: 2

## 2. „friedlich und ohne Waffen"

friedlich = kein gewalttätiger oder aufrührerischer Verlauf

beachte: Unfriedlichkeit Einzelner ≠ Unfriedlichkeit der Versammlung insgesamt

### 3. Schutzumfang

Organisation, Vorbereitung, Durchführung, Beendigung der Versammlung

## III. Eingriff

klare Fälle: z.B. Erlaubnispflicht, Verbote, Auflösung, Behinderung im Vorfeld

Problem: Überwachungsmaßnahmen

## IV. Schranken

### 1. Unter freiem Himmel → Gesetzesvorbehalt

→ insbes. (noch) VersG

freier Himmel im Stadion? → wohl nein

Anmeldepflicht, § 14 VersG?

### 2. in geschlossenen Räumen → kollidierendes Verfassungsrecht

VersG als Konkretisierung der verfassungsrechtlichen Ergebnisse

## B. Grundrechtsträger und Grundrechtsverpflichtete

### I. Grundrechtsträger

#### 1. Natürliche Personen

##### a. Jedermannsrechte und Deutschenrechte (Menschen- und Bürgerrechte)

Beschränkungen bestimmter Grundrechte auf „Deutsche"

Europarechtliche Problematik

##### b. Grundrechtsmündigkeit

- Grundgedanke der Grundrechtsmündigkeit
  z.T.: nach Einsichts- und Entscheidungsfähigkeit im Einzelfall
  z.T.: nach den gesetzgeberischen Grenzen
- analytische Auflösung der Grundrechtsmündigkeit → drei Problemkreise:
  - Freiheitsbeschränkung durch Staat
  - Prozessuale Mittel, insbes. VB
  - Konflikt mit Erziehungsrecht der Eltern (Art. 6 II GG)

##### c. pränatal und post mortem

→ grds. nur Lebende geschützt

Ausnahmen: Menschenwürde; Schutz des Ungeborenen

## 2. Juristische Personen des Privatrechts

Art. 19 Abs. 3 GG:

a) juristische Person → (Teil-)Rechtsfähigkeit

b) inländisch → nach *effektivem* Sitz, also nach tatsächlichem Mittelpunkt der Tätigkeit

<u>beachte</u>: lt. BVerfG stehen ProzeßGRe auch ausländischen jur. Personen zu!

c) wesensmäßige Anwendbarkeit → nicht bei GRen, die an nur bei Menschen bestehende Sachlagen anknüpfen (z.B. Würde, Leben, Kinder, Ehe)


## 3. Juristische Personen des öffentlichen Rechts

→ grds. keine Grundrechtsberechtigung

a) Ausnahmen:
- Prozeßgrundrechte schützen auch jur. Personen des öff. Rechts
- Einrichtungen des Staates, die Grundrechte in einem Bereich verteidigen, in dem sie vom Staat unabhängig sind, sind insofern Grundrechtsträger

b) Sonderfall: jur. Person des Privatrechts mit staatlicher Beteiligung:
- keine Grundrechtsberechtigung, wenn allein Staat Träger der Person
- bei gemischter Beteiligung keine Grundrechtsberechtigung, insbesondere nicht wenn Staat entscheidenden Einfluß hat (str.)

## I. Grundrechtsverpflichtete

### 1. Staat

#### a. Grundsatz:

Art. 1 Abs. 3 GG: alle staatliche Gewalt ist gebunden

#### b. Problem: Handeln der Verwaltung nach Privatrecht

(1) Klassische Einteilung:
- Fiskalische Hilfsgeschäfte zur Bedarfsdeckung
- Erwerbswirtschaftliche Betätigung (Staat als Unternehmer)
- Verwaltungsaufgaben in privatrechtlicher Form (= Verwaltungsprivatrecht)
  → Wahlfreiheit bezüglich Organisationsform und (bei ör Organisation) bezügl. Leistungsverhältnis

(2) Zentrale Frage: Bindung an Grundrechte und andere öff.-rechtl. Grundsätze:

- Verwaltungsprivatrecht: Vw kann sich durch Wahl des Privatrechts nicht den ör Bindungen entziehen
  Vw stehen nur die Rechtsformen, nicht die Freiheiten und Möglichkeiten der Privatautonomie zur Verfügung
- i.Ü.: str.
  - Rspr. und Teile der Lit.: keine unmittelbare Grundrechtsbindung
  - starke Lit: unmittelbare Geltung der GRe
  aber: auch Rspr. befürwortet mittelbare Drittwirkung der GRe und i.E. uneingeschränkte Bindung an Gleichheitssatz (Willkürverbot)

## 2. Private – Die Drittwirkung
### a. Unmittelbare Drittwirkung

ganz hM: Grundrechte wirken mangels ausdrücklicher Regelung im GG nicht unmittelbar im Verhältnis zwischen Privatpersonen → Zweck und Bedeutung der GRe

MM: kann in bestimmten Fällen bestehen

Problem:
- in Privatrechtsstreitigkeiten entscheiden Gerichte, die aber ihrerseits als Teil der Staatsmacht grundrechtsgebunden sind
- alle privatr. Pflichten beruhen letztlich auf staatlicher Rechtsmacht

Lösung der ganz hM:
- Verfahrensanford. an Gerichte ≠ Entscheidungsmaßstäbe in der Sache
- zivilrechtliche Gesetze als solche müssen mit Grundrechten vereinbar sein, die in ihrem Rahmen geschlossenen Privatrechtsgeschäfte nicht

### b. Mittelbare Drittwirkung

Ausstrahlungswirkung der Grundrechte auch im Privatrecht, insbes. über Generalklauseln (z.B. §§ 138, 242, 826 BGB)

## 3. Supranationale Gewalt

grds. nur Bindung der deutschen staatlichen Gewalt, wo auch immer ausgeübt

Sonderfall Gemeinschaftsrecht: Art. 23 Abs. 1 S. 1 GG (i.E. sehr str.):
- Grds.: Vorrang des Gemeinschaftsrechts
- Sicherheitsventil: Art. 23 Abs. 1 S. 1 GG
- soweit der deutschen Staatsgewalt vom Europarecht Spielräume bei Anwendung oder Umsetzung gewährt werden, sind dabei die Grundrechte zu beachten

## C. Eingriff und Schranken

### I. Eingriff

Schutzbereich = was wird geschützt
Eingriff = wogegen wird geschützt

a) klarer Fall: klassischer Grundrechtseingriff, d.h. die finale, normative und unmittelbare, imperative Belastung des Bürgers

b) aber: auch andere staatliche Maßnahmen können ohne weiteres Eingriffe sein, der klassische Eingriffsbegriff wird heute nicht als Grenze verstanden

Eingriff kann jede Beeinträchtigung des Schutzbereichs eines Grundrechts durch staatliches Handeln sein, aber:
keine allgemeingültige Formel, wann ein Eingriff anzunehmen ist

topoi bei der Argumentation:
- Beeinträchtigung ≠ bloße Belästigung (Bagatellvorbehalt)
- Finalität
- Unmittelbarkeit

### II. Schranken

→ Keinesfalls ist jeder Eingriff in ein Grundrecht bereits verfassungswidrig!

#### 1. Arten von Grundrechtsschranken

##### a. verfassungsunmittelbare Schranken

(z.B. Art. 9 II, 13 VII 1. Fall GG)

### b. Gesetzesvorbehalt
- einfacher Gesetzesvorbehalt
- qualifizierter Gesetzesvorbehalt

unterscheide vom grundrechtlichen Gesetzesvorbehalt:
- Gesetzesvorbehalt
- Parlamentsvorbehalt
- Wesentlichkeitstheorie

### c. verfassungsimmanente Schranken
Nicht einschränkbare GRe können begrenzt werden durch:
- kollidierende GRe Dritter, oder
- andere mit Verfassungsrang ausgestattete Rechtswerte (str.).

Dabei ist Ausgleich anzustreben, sonst Einzelfallentscheidung über Vorrang

---

Herleitung: systematische Verfassungsinterpretation, Einheit der Verfassung, praktische Konkordanz

Gesetzesvorbehalt gilt auch hier

praktischer Unterschied zu Vorbehaltsklauseln:
- für den Eingriff sprechende Werte müssen Verfassungsrang haben
- die Abwägung unterliegt nicht dem nur begrenzt überprüfbaren Einschätzungsspielraum des Gesetzgebers, sondern voller gerichtlicher Überprüfung

## 2. Verhältnismäßigkeit

### a. Hintergrund
kein Leerlaufen der GRe durch Gesetzesvorbehalt

### b. Prüfungsfolge

#### (1) Zwecksetzung des Gesetzgebers
→ Einschätzungsprärogative des Gesetzgebers (nicht des Klausurschreibers!) aufgrund Demokratieprinzip

#### (2) Geeignetheit
das Mittel muß den Zweck fördern können
→ Gesetzgeber hat Einschätzungsspielraum

#### (3) Erforderlichkeit
kein gleich wirksames, milderes Mittel
→ Gesetzgeber hat Einschätzungsspielraum

#### (4) Angemessenheit/Zumutbarkeit (= Verhältnismäßigkeit i.e.S.)
Abwägung zwischen Zweck und Mittel
→ Einschätzungsspielraum des Gesetzgebers, d.h. Angemessenheit nur nicht gewahrt, wenn Abwägungsergebnis *offensichtlich* fehlsam oder mit der Wertordnung des GG unvereinbar; Zumutbarkeit für GR-träger muß gerade noch gewahrt sein

beachte: der Verwaltung steht i.R.d. Verhältnismäßigkeitsgrundsatzes <u>kein</u> Einschätzungsspielraum zu

## 3. Verfassungsmäßigkeit im übrigen; insbes.:
### a. Zitiergebot (Art. 19 I 2 GG)

Sinn: Warnfunktion für Gesetzgeber

Problem: wird leicht zu leerer Förmlichkeit; unnötige Behinderung des Gesetzgebers

Ergebnis: zahlreiche Ausnahmen, die kaum einen Anwendungsbereich übriglassen

- nur wenn das jeweilige GR nach Wortlaut (≠ Sinn!) „durch Gesetz oder auf Grund eines Gesetzes" eingeschränkt werden kann
- auch dann noch enge Auslegung (nur Parlamentsgesetze; nicht vorkonstitutionelle Gesetze; nicht wenn lediglich bestehende Grundrechtsbeschränkung unverändert oder mit geringen Abweichungen wiederholt oder darauf verwiesen wird; nicht bei mittelbaren Grundrechtseingriffen)

### b. Bestimmtheitsgebot

wg. Rechtsstaatsprinzips muß erkennbar sein, wann welcher Eingriff zugelassen ist

beachte: Generalklauseln sind aufgrund richterlicher Konkretisierungen bestimmt genug!

### c. Verbot von Einzelfallgesetzen (Art. 19 I 1 GG)

→ bislang keinerlei praktische Bedeutung erlangt

Sinn: keine Verwaltungsakt in Gesetzesform (Gewaltenteilung); keine Grundrechtsprivilegien oder -diskriminierungen

aber: Maßnahme- und Anlaßgesetze sind zulässig

zudem: selbst echte Einzelfallgesetze können zulässig sein, wenn es nur einen zu regelnden Fall dieser Art gibt und die Regelung von sachlichen Gründen getragen wird

### d. Wesensgehaltsgarantie (Art. 19 II GG)

klassischer, bis heute nicht letztlich gelöster Streit:

#### (1) absolute Theorien:

geschützt wird absoluter Kerngehalt, der für jedes GR einzeln zu bestimmen und keiner Abwägung mehr zugänglich;

aa) absolut-individuelle Theorie: dieser Kerngehalt muß in jedem Einzelfall gewahrt bleiben

bb) absolut-kollektive Theorie: keine Verletzung wenn GR noch Bedeutung für soziales Leben im ganzen behält; Verletzung erst, wenn GR praktisch weitgehend außer Kraft gesetzt

#### (2) relative Theorie:

Wesensgehalt wird nicht nur für jedes GR, sondern auch für jeden Einzelfall durch Interessenabwägung gewahrt → Verhältnismäßigkeit

### 4. Prüfungsaufbauten

#### a. Grundschema Grundrechtsprüfung:

1. Schutzbereich
2. Eingriff
3. Schranken: ausdrücklich / immanent
   a. Gesetz
   b. spezifische Anforderungen des GRs
   c. Verhältnismäßigkeit
   d. im übrigen verfassungsgemäß
      [Prüfung oft auch vor Verhältnismäßigkeit]

### b. Grundschema Rechtmäßigkeitsprüfung eines Gesetzes:

1. formelle Verfassungsmäßigkeit
   a. Zuständigkeit (Art. 70ff., 83ff. GG)
   b. Verfahren (Art. 76, 77 GG)
   c. Form (Art. 82 GG)
2. materielle Verfassungsmäßigkeit
   a. Grundrechte
   b. Strukturprinzipien (Art. 20 GG)
   (c. ggf.: Verwaltungskompetenzen, Art. 87ff.)

## D. Menschenwürde (Art. 1 Abs. 1 GG); allg. Handlungsfreiheit, allg. Persönlichkeitsrecht (Art. 2 Abs. 1 GG)

### I. Menschenwürde als „oberster Wert"

**1. Grundrechtscharakter**

z.T.: kein Grundrecht, nur obj. Grundprinzip
   Arg: Wortlaut Art. 1 III GG; proklamatorische Unbestimmtheit; lückenloser Schutz

z.T.: Grundrecht
   Arg: Überschrift Abschnitt I; Entstehungsgeschichte; auch GRe weisen proklam. Unbestimmtheit auf

→ i.E. unerheblich, da auch in VB jdf. über Art. 2 I GG geltend zu machen

beachte: jdf. auch Schutzpflicht, Art. 1 II GG

## 2. Eingriff in den Schutzbereich

- mögliche Grundgedanken:
  - Würde aufgrund Eigenwerts des Menschen
  - Würde aufgrund Eigenleistung des Menschen
- Objektformel: Mensch darf nicht zum bloßen Objekt, zu einem bloßen Mittel, zur vertretbaren Größe herabgewürdigt werden; „genauer":
  - keine Behandlung, die Subjektsqualität prinzipiell in Frage stellt;
  - keine Behandlung, die Ausdruck der Verachtung des Wertes ist, der dem Menschen kraft seines Personseins zukommt

- typische Fallkonstellationen z.B.: Sklaverei, Folter, Menschenhandel, Gehirnwäsche, systematische Erniedrigung, Entzug des Existenzminimums

  Problembeladen, z.B.: Kind als Schaden; Fortpflanzungsmedizin; Forschung an embryonalen Stammzellen; Lügendetektor

  keine „kleine Münze"

### 3. Schranken

→ keine!: Jeder Eingriff in den Schutzbereich ist automatisch eine Verletzung.

## II. Allgemeine Handlungsfreiheit, Art. 2 I GG

### 1. Der Streit um den Schutzbereich

#### a. ältere Auffassung: Persönlichkeitskerntheorie

nur Entfaltung im Kern der Persönlichkeit erfaßt, der das Wesen des Menschen als geistig-sittliche Person ausmacht

Arg:
- Wortlaut
- Schranke der „verfassungsm. Ordnung" innerhalb GG einheitlich auszulegen

#### b. ganz hM: Allgemeine Handlungsfreiheit (Elfes)

jede Handlung, jeder Zustand und jede Rechtsposition geschützt
→ Eingriff ist jede Belastung des Bürgers mit einem Nachteil

Arg:
- Entstehungsgeschichte („Jeder kann tun und lassen was er will.")
- „verfassungsm. Ordnung" kann weit ausgelegt werden: Gesamtheit der formell und materiell verfassungsgemäßen Normen

#### c. Sondervotum Grimm („Reiten im Walde")

nur individuelles Verhalten geschützt, das eine gesteigerte, dem Schutzgut der übrigen Grundrechte vergleichbare Relevanz für die Persönlichkeitsentfaltung besitzt

Arg: - Gefahr einer Banalisierung der Grundrechte
contra: - Gefahr der Bevormundung des Bürgers
möglicher Hintergrund: Belastung des BVerfG mit VBen

## 2. Konsequenzen der hM

- Art. 2 I GG ist Auffanggrundrecht
- Art. 2 I GG bezieht jede beliebige Verfassungswidrigkeit in die VBe ein
  beachte: das gilt i.E. auch für alle anderen Grundrechte

### 3. Die Schrankentrias (nach hM)

- verfassungsmäßige Ordnung = Gesamtheit der formell und materiell verfassungsgemäßen Normen
- Rechte anderer = alle subjektiven Rechte → in „verfassungsmäßiger Ordnung" bereits enthalten
- Sittengesetz = sittliche Wertungen soweit in RO positiviert → in „verfassungsmäßiger Ordnung" bereits enthalten (str.)

## III. Allgemeines Persönlichkeitsrecht, Art. 2 I i.V.m. 1 I GG

ungeschrieben; richterrechtlich entwickelt; entwicklungsoffen

### 1. Systematisierung des Schutzbereichs

- „engere persönliche Lebenssphäre" = autonomer Bereich privater Lebensgestaltung, in dem der Einzelne seine Individualität entwickeln und wahren kann
- Schutz des Einzelnen bei / vor Darstellung in der Öffentlichkeit
- Recht auf informationelle Selbstbestimmung = Recht selbst zu entscheiden, wann und innerhalb welcher Grenzen persönliche Lebenssachverhalte offenbart werden
- Recht auf Gewährleistung der Vertraulichkeit und Integrität informationstechnischer Systeme (sog. Computergrundrecht)

## 2. Schranken

### a. Schrankentrias

gilt ebenfalls; Besonderheit:

i.d.R. strengere Verhältnismäßigkeitsprüfung, orientiert an Eingriffsschwere

### b. sog. Sphärentheorie:

- Intimsphäre (letzter, unantastbarer Bereich privater Lebensgestaltung)
  → keine Eingriffsbefugnis des Staates
- Privat- oder Geheimsphäre → Eingriffe nur unter besonders strenger Wahrung der Verhältnismäßigkeit  → Einzelfall beachten
- Sozialsphäre → normale Kriterien

Kritik:
- kaum abgrenzbar
- können subjektiv unterschiedlich sein
- geht besser über Verhältnismäßigkeit

beachte: i.R.d. informationellen Selbstbestimmung kommt es nicht auf die Sphäre an, da es „kein belangloses Datum" gibt

# E. Berufsfreiheit, Art. 12 GG

## I. Grundkonzeption ≠ Wortlaut

einheitliches, unter Gesetzesvorbehalt stehendes Grundrecht der Berufsfreiheit, Art. 12 I GG

daneben: Arbeitszwang, Art. 12 II GG; Zwangsarbeit, Art. 12 III GG

## II. Schutzbereich

### 1. Beruf

= jede auf Dauer berechnete, erlaubte Tätigkeit, die der Aufrechterhaltung oder Begründung eines Lebensunterhalts dient

- problematisch: „erlaubt"
  - entweder bezogen auf Tätigkeit als solche, unabhängig von beruflicher Vornahme
  - oder im Sinne von schlechthin gemeinschaftsschädlich
- nicht nur typisierte Berufe (Berufsbilder) sondern auch untypische

### 2. Ausbildungsstätte

= Einrichtung, die die für einen Beruf erforderliche Ausbildung vermittelt

### 3. Arbeitsplatz

= Stelle, an der ein Beruf ausgeübt wird

### 4. Aufbauprobleme

aufgrund des einheitlichen Schutzbereichs *kann* die Frage nach Berufswahl oder -ausübung ausdrücklich auf die Schrankenebene verschoben werden, wo die Differenzierung auch erst im Ergebnis relevant wird;

in unproblematischeren Fällen sollte die Einordnung schon beim Schutzbereich erfolgen

## III. Eingriff

BVerfG: nicht jede Beeinträchtigung sondern nur Eingriffe mit „objektiv berufsregelnder Tendenz" (str.)

contra:
- entspricht nicht Stand der Grundrechtsdogmatik im übrigen
- kein besonderer Grund für abweichende Behandlung bei Berufsfreiheit
- unberechenbare Handhabung in verfassungsgerichtl. Praxis
- verwischt Grenze zu Art. 2 I GG

## IV. Schranken

### 1. Die 3-Stufen-Theorie als Ausprägung der Verhältnismäßigkeit

Geeignetheit, Erforderlichkeit → übliche Prüfung; i.Ü. Angemessenheit:

- Berufsausübung → soweit vernünftige Erwägungen des Gemeinwohls es zweckmäßig erscheinen lassen
- Berufswahl → soweit der Schutz besonders wichtiger Gemeinschaftsgüter es zwingend erfordert; dabei:
  - subjektive Zulassungsvoraussetzungen → nicht außer Verhältnis zum angestrebten Zweck der ordnungsgemäßen Erfüllung der Berufstätigkeit
  - objektive Zulassungsvoraussetzungen → nur zur Abwehr nachweisbarer oder höchstwahrscheinlicher schwerer Gefahren für ein überragend wichtiges Gemeinschaftsgut

Sinn: je intensiver der Eingriff, desto höher die Rechtfertigungsanforderungen

beachte auch: Gesetzgeber muß Lösung auf möglichst niedriger Stufen suchen (Erforderlichkeit)

## 2. Abgrenzungsprobleme
### a. Wahl oder Ausübung? – Die Berufsbilder

eine besondere Art der beruflichen Betätigung ist ein Fall der Berufswahl, wenn diese besondere Art als eigener Beruf gilt

eigener Beruf, wenn eigenes soziales Gewicht, d.h.:
- traditionell als eigener Beruf gilt, oder
- wenn Gesetzgeber Berufsbild geschaffen
→ sog. Berufsbildlehre

beachte: auch die Fixierung eines Berufsbildes ist ein Eingriff in den Schutzbereich

### b. Objektive oder subjektive Zulassungsvoraussetzungen

objektiv: dem Einfluß des Betroffenen entzogen und von seiner Qualifikation unabhängig

subjektiv: persönliche Eigenschaften, Fähigkeiten oder Fertigkeiten
(≠ individuell erfüllbar → typ. Fehlerquelle)

beachte: diese Differenzierung ist auf Ausbildungsstätte und Arbeitsplatz übertragbar

### 3. Durchbrechungen der Stufentheorie

*keine* schematische Durchführung der 3-Stufen-Theorie (Anfängerfehler!)

die Anforderungen einer Stufe können auf die andere übertragen werden; z.B. Berufsausübungsregelung wirkt so gravierend, daß wie Berufswahl zu behandeln

Arg.: Stufentheorie als Ausprägung der Verhältnismäßigkeit

# F. Grundrechtsfunktionen; Kollisionen und Konkurrenzen

## I. Klassische Grundrechtsfunktionen (Jellinek)

### 1. status negativus

Freiheit vom Staat → Abwehrrechte

### 2. status positivus

Freiheit nicht ohne Staat → Anspruchs-, Schutzgewähr-, Teilhabe-, Leistungs-, Verfahrensrechte

Exkurs: präventives Verbot mit Genehmigungsvorbehalt

### 3. status activus

Freiheit im und für den Staat → staatsbürgerliche Rechte

## II. Die subjektive Funktion: Grundrechte als Abwehrrechte

Grundrechte sind in erster Linie Abwehrrechte des Bürgers gegen den Staat!

→ Bürger hat ein Recht, daß Eingriffe unterbleiben; ggf. Beseitigungsansprüche

## III. Die objektiven Funktionen

### 1. Grundrechte als Einrichtungsgarantien

Institutsgarantien: im PrivatR

institutionelle Garantien: im öffentlichen Recht

beachte: kann auch das subj. Recht verstärken

## 2. Grundrechte als Auslegungs- und Entscheidungsmaßstab

### a. grundrechtskonforme Auslegung

bei verfassungsmäßigen und verfassungswidrigen Auslegungsmöglichkeiten im einfachen Recht ist eine verfassungsmäßige zu wählen

Grenze: keine völlige Neubestimmung des Gesetzesinhalts

unterscheide: sog. grundrechtsorientierte Auslegung → Wahl der „grundrechtsfreundlichsten" Auslegungsmöglichkeit

### b. objektive Wertordnung

hM: Grundrechte errichten eine objektive Wertordnung, die als verfassungsrechtliche Grundentscheidung für alle Bereiche des Rechts gilt und Richtlinien und Impulse für Gesetzgebung, Verwaltung und Rechtsprechung gibt

MM: Nebelbegriff; Inhalt ergibt sich schon aus obj. Komponente und Art. 1 I 2, II GG; Gefahr, daß GRe plötzlich Eingriffe legitimieren statt sie abzuwehren

## 3. Vornahmerechte aus Grundrechten

### a. Grundrechte als Schutzpflichten

Verpflichtungen des Staates, den Einzelnen vor Eingriffen durch Dritte zu bewahren

(1) Menschenwürde, Art. 1 I GG: ausdrücklich

(2) Mütter, Art. 6 IV GG: ausdrücklich

(3) sonst: erhebliche Entscheidungsfreiheit des Gesetzgebers; Grundgesetz schreibt nur das Minimum an Schutz vor; Bestimmung: je bedeutsamer das Schutzgut, je größer die Gefährdung und je weniger der Einzelne sich wehren kann, desto höher ist die staatliche Schutzpflicht

gesetzgeberisches Ermessen: BVerfG prüft nur, ob Gesetzgeber Schutzvorkehrungen entweder überhaupt nicht getroffen hat oder die Vorkehrungen gänzlich ungeeignet oder völlig unzulänglich sind

beachte: Schutzpflichten vermitteln subj. Rechte

### b. Grundrechte als Leistungsrechte

- Inhalt des Begriffs: i.d.R. subj. Rechte (Ansprüche); sog. soziale GRe jedenfalls unter dem Vorbehalt des Möglichen
- pro:
  - Freiheitsrechte wertlos ohne Voraussetzungen ihrer Inanspruchnahme
  - Freiheit heute hängt oft von staatlichen Aktivitäten ab
  - faktische Freiheit bedarf aufgrund ihrer Bedeutung der Absicherung
  - obj. Wertordnung fordert freie Entfaltung, damit Mindestmaß faktischer Freiheit

- contra:
  - BVerfG statt Parlament entscheidet → Gewaltenteilung, Demokratie
  - Haushaltskompetenz des Parlaments
  - Kollision mit Freiheitsrechten anderer
  - Abhängigkeit von Finanzkraft: Wirtschaftskrise würde Verfassungskrise
- anerkannt für:
  - Existenzminimum aus Art. 1 I, 2 II 1 GG (ganz hM)
  - Privatschulsubventionierung aus Art. 7 IV GG (BVerfG; str.)

### c. Grundrechte als derivative Teilhaberechte

im Rahmen des Art. 3 I GG gleiche Teilhabe an vom Staat ohnehin gewährten Leistungen

unter dem Vorbehalt des Möglichen

### d. Grundrechte auf Organisation und Verfahren

GRe fordern, daß Verfahrens- und Organisationsnormen so beschaffen sind, daß das Ergebnis mit hinreichender Wahrscheinlichkeit und in hinreichendem Maße grundrechtsgemäß ist

### IV. Konkurrenzen

- Tatbestandliche Ebene: Sind wirklich mehrere Grundrechte zugleich betroffen? → Ausschluß von Scheinkonkurrenzen
- Regelfall: Schutzakkumulation, d.h. alle GRe nebeneinander anwenden; 2 Möglichkeiten:
  - auch im Prüfungsaufbau (Regel)
  - Berücksichtigung von Schranken und Rechtsgütern des einen GRs im Rahmen des anderen (Ausnahme)
- Spezialität (Verdrängung) nur ausnahmsweise (insbes. Art. 2 I GG)

→ Konkurrenzfragen bedürfen regelmäßig keiner Erörterung

## G. Meinungs-, Presse- und Informationsfreiheit, Art. 5 GG

### I. Fünf Grundrechte des Art. 5 GG

- Meinungsfreiheit
- Informationsfreiheit
- Pressefreiheit
- Rundfunkfreiheit
- Filmfreiheit

### II. Meinungsfreiheit

#### 1. Schutzbereich

##### a. Meinungen

Meinung = jede Stellungnahme, jedes Dafürhalten, jedes Meinen im Rahmen einer geistigen Auseinandersetzung; d.h. Werturteile, unabhängig von „Richtigkeit" oder „Wert";
aber: nicht wenn Druckmittel statt geistige Auseinandersetzung

### b. Tatsachenbehauptungen

geschützt, wenn und soweit sie Voraussetzungen für die Bildung von Meinungen sind

nicht geschützt sind die bewußte Lüge und die im Zeitpunkt der Äußerung evidente Unwahrheit

Abgrenzung oft schwierig; Tatsachen sind dem Beweis zugänglich;

wenn Meinung und Tatsache eine Sinneinheit bilden, ist einheitlich von einer Meinung auszugehen

beachte: auch Fragen sind geschützt

auch negative Meinungsfreiheit geschützt

## 2. Eingriff

geschützt v.a.: Äußerung, Empfangbarkeit, Modalitäten der Äußerung

## 3. Schranken

Art. 5 II GG
(beachte ggf. auch Art. 17a, 9 II, 18, 21 II GG)

### a. Begriff der „allgemeinen Gesetze"

BVerfG: jedes formelle oder materielle Gesetz, das sich nicht gegen die Äußerung einer Meinung als solche richtet, sondern dem Schutz eines schlechthin, ohne Rücksicht auf eine bestimmte Meinung zu schützenden Rechtsgutes dient, das gegenüber der Betätigung der Meinungsfreiheit den Vorrang hat

→ Sonderrechtslehre + Abwägungslehre

### b. Jugendschutz und Ehre

### c. Wechselwirkung

Abwägung zwischen Meinungsfreiheit und entgegenstehenden Interessen
→ differenzierte Rechtsprechung des BVerfG

(1) Tatsachenbehauptung

- wahr: grds. Vorrang Meinungsfreiheit; kein Vorrang bei Intimsphäre
- unwahr: grds. kein Vorrang Meinungsfreiheit vor Ehrenschutz; anders u.U. wenn bei Ermittlung Sorgfaltspflichten beachtet

(2) Werturteile

- Vorrang des Ehrenschutzes bei Menschenwürde oder Schmähkritik
- i.ü.: Abwägung im Einzelfall

### d. Zensurverbot

ist eine Schranken-Schranke;
verbietet nur die Vorzensur, nicht die „Nachzensur"

### 4. objektive Wirkungen

- bei Auslegung der Äußerung müssen alle Möglichkeiten erwogen und dem Bürger nachteilige Auslegungen mit überzeugenden Gründen abgelehnt werden
- bei Auslegung von meinungsbeschränkenden Normen: keine überhöhten Anforderungen an Zulässigkeit von Kritik oder an Sorgfaltspflichten bei Tatsachenermittlung hineinlesen
- bei der Abwägung i.R.d. Wechselwirkung spricht eine Vermutung für die Meinungsfreiheit, wenn es sich um eine Auseinandersetzung in einer die Öffentlichkeit wesentlich berührenden Frage handelt

## III. Informationsfreiheit

Informationsquellen = jeder Träger von Informationen

allgemein zugänglich = geeignet und bestimmt, der Allgemeinheit, also einem individuell nicht bestimmbaren Personenkreis, Informationen zu verschaffen

Problem: allgemeine rechtliche Beschränkungen der Allgemeinzugänglichkeit?

hM: grds. faktisch („technisch") zu bestimmen; Ausnahme wenn Quelle ihrer Allgemeinzugänglichkeit von vornherein einer staatlichen Entscheidung verdankt

geschützt: auch Voraussetzungen des Entgegennehmen oder Beschaffens; aber: keine staatliche Beschaffungspflicht

## IV. Pressefreiheit

Presse = alle zur Verbreitung an die Allgemeinheit bestimmten Druckerzeugnisse

heute auch audiovisuelle Speichermedien

weiter Gewährleistungsumfang von der Informationsbeschaffung bis zur Verbreitung der Nachrichten und Meinungen

Grundrechtsberechtigt sind auch die Mitarbeiter von Presseverlagen → schwierige Drittwirkungs- und Abwägungsprobleme („innere Pressefreiheit"?)

beachte: Meinungsäußerungen auch in Presseorganen werden bereits von der Meinungsfreiheit erfaßt, fallen nicht unter die Pressefreiheit

## H. Exkurs: Die Verfassungsbeschwerde

### I. Grundschema der Prüfung

A. Zulässigkeit
   I. Antragsberechtigung
   II. Beschwerdegegenstand
   III. Beschwerdebefugnis
      1. selbst
      2. gegenwärtig
      3. unmittelbar
   IV. Rechtswegerschöpfung und Subsidiarität
   V. Form und Frist
B. Begründetheit
   → Grundrechtsaufbau (i.d.R: Schutzbereich, Eingriff, Schranken)

### II. Die Zulässigkeitsprüfung

#### 1. Antragsberechtigung, § 90 I BVerfGG

„jedermann" = jede grundrechtsfähige Person

#### 2. Beschwerdegegenstand, § 90 I BVerfGG

jeder Akt der öff. Gewalt
<u>beachte</u>: keine Beschränkung wie bei Art. 19 IV GG

#### 3. Beschwerdebefugnis, § 90 I BVerfGG

Behauptung des Bf., in einem seiner Grundrechte oder grundrechtsgleichen Rechte verletzt zu sein

##### a. Möglichkeit einer Grundrechtsverletzung

→ oft problemlos zu bejahen!; allenfalls:
- kann Bf. Inhaber des *konkret* gerügten GRs sein?
  (→ z.B. Deutschengrundrechte; ausl. jur. Personen)

- *evident* fehlende Betroffenheit in den gerügten Grundrechten? (kaum in Prüfungsarbeiten)

### b. „selbst, gegenwärtig und unmittelbar betroffen"

#### (1) selbst

Bf. muß in eigenen Grundrechten betroffen sein ≠ Popularklage

→ liegt jdf. vor, wenn der angegriffene Akt sich gegen den Bf. selbst richtet

#### (2) gegenwärtig

aktuell und nicht erst virtuell, irgendwann in der Zukunft, betroffen

#### (3) unmittelbar

= ohne weiteren Vollzugsakt;
betrifft VBen gegen Normen

Sinn: Vorklärung von Tatsachen und einfachrechtlichen Fragen

Ausnahmen:
- gegenwärtig entscheidende Dispositionen
- Strafrecht oder OWi

### 4. Rechtswegerschöpfung und Subsidiarität

- Rechtsweg, § 90 II 1 BVerfGG: Ausschöpfung des Instanzenzugs soweit besteht
  (Ausnahme des § 90 II 2 BVerfGG → kaum in Übungsarbeit)
- Subsidiarität: Bf. muß auch im übrigen alle zumutbaren Möglichkeiten ausschöpfen, Rechtsschutz durch die Fachgerichte zu erlangen

Standardprobleme:
- einstweiliger Rechtsschutz
- Rügepflicht für GRverletzung bereits im fachgerichtlichen Verfahren?

### 5. Form und Frist

- Schriftform, § 23 I 1 BVerfGG
- grds. Monatsfrist, § 93 I BVerfGG
- bei Gesetzen oder mangels Rechtsweg: Jahresfrist, § 93 III BVerfGG

### III. Die Begründetheitsprüfung

→ Grundrechtsaufbau (i.d.R: Schutzbereich, Eingriff, Schranken)

## IV. Die Verfassungsbeschwerde in der Praxis

### 1. Das allgemeine Register

### 2. Das Annahmeverfahren

es gibt keine Annahme-, sondern nur Nichtannahmebeschlüsse!

### 3. Die Praxis der Senatsverfahren

### 4. Das Problem des einfachen Rechts

- BVerfG ist kein Superrevisionsgericht; überprüft nur „spezifisches Verfassungsrecht"; Abgrenzung mithilfe der sog. Heck'schen Formel
- willkürliche Rechtsanwendung ist verfassungswidrig (Art. 3 I GG oder Rechtsstaatsprinzip) → pot. Einfallstor für Überprüfung einfachen Rechts; enge Auslegung von Willkür erforderlich

### 5. Die Substantiierungserfordernisse

## J. Gleichheitssatz, Art. 3 GG

Grundgedanke: gleiche Sachverhalte dürfen nicht unterschiedlich, unterschiedliche nicht gleich behandelt werden, es sei denn, ein abweichendes Vorgehen sei sachlich gerechtfertigt

Ausprägungen im GG (besondere Gleichheitssätze): Art. 3 I; 3 II; 3 III; 6 V; 33 I-III; 38 I 1 GG; ebenso Art. 21 Abs. 1 i.V.m. Art. 3, 28 Abs. 1 S. 2 GG; Art. 140 GG i.V.m. 136 I, II WRV

### I. Der allgemeine Gleichheitssatz, Art. 3 I GG

#### 1. Prüfungsaufbau

Problem: sehr unterschiedliche Prüfungsaufbauten

Einfaches Grundschema:
1. Gleiches ungleich oder ungleiches gleich behandelt:
   a. gleiche / ungleiche Behandlung
   b. gleiche und ungleiche Eigenschaften
2. Rechtfertigung

#### 2. Gleiche oder ungleiche Behandlung

Rechtsanwendungs- und Rechtssetzungsgleichheit erfaßt

#### 3. Gleiche und ungleiche Eigenschaften

##### a. Feststellung von Gleichheit / Ungleichheit

Problem: zwei verschiedene Gegenstände sind per Definition nicht gleich
Lösung: nicht Gegenstände, sd. deren Eigenschaften vergleichen

### b. Lit. z.T.: Suche nach einem gemeinsamen Oberbegriff

- tertium comparationis: nur die Hinsicht, in der zwei Gegenstände verglichen werden
- gemeinsamer Oberbegriff (genus proximum) ohne eigenständige Bedeutung
- wichtiger Grundgedanke: für eine angegriffene Regelung müssen u.U. verschiedene Vergleichspaare geprüft werden

### c. Lit. z.T.: Gleichheit / Ungleichheit muß wesentlich sein

„Wesentlichkeit" als Ausdruck der notwendigen Rechtfertigungsprüfung

Wertende Elemente bei Gleich- / Ungleichbehandlung aus gestaltender Sicht, nicht aus kontrollierender Sicht

## 4. Rechtfertigung

→ Vorliegen eines sachlichen Grundes für die Ungleich- / Gleichbehandlung

Problem: Maßstab für den „sachlichen Grund"

### a. idealtypische Grundpositionen

- Willkürprüfung: gar kein sachlich einleuchtender Grund aufzufinden
- Verhältnismäßigkeitsprüfung: Differenzierungsziel geeignet, notwendig und angemessen im Hinblick auf Differenzierungskriterium

beachte auch sog. „neue Formel" (1980!) des BVerfG: Ungleichbehandlung verletzt Gleichheitssatz, wenn zwischen beiden Gruppen keine Unterschiede von solcher Art und solchem Gewicht bestehen, daß sie die ungleiche Behandlung rechtfertigen könnten

Hintergrund: Spielraum des Gesetzgebers

### b. gestufte Prüfung

ansteigende Kontrolldichte von bloßer Willkür- bis zu strenger Verhältnismäßigkeitsprüfung

verschiedene Maßstäbe im „einleuchtenden Grund" bereits angelegt

vier Stufen ansteigender Prüfungsdichte (BVerfG):
1. rein verhaltensbezogene Merkmale
2. nicht persönlich beeinflußbare Merkmale
3. unmittelbar oder mittelbar personenbezogene Merkmale
4. personenbezogene Merkmale, die sich denen des Art. 3 III GG annähern

Kritik: praktische Abgrenzbarkeit der Stufen

vielfach akzeptierter Grundgedanke: Prüfungsmaßstab hängt davon ab, wie weit das Differenzierungskriterium den Menschen in seinen vorgegebenen, unbeeinflußbaren Merkmalen betrifft und deshalb den geschützten Kern seiner Individualität erfaßt

### c. Besonderheiten der Verhältnismäßigkeitsprüfung beim Gleichheitssatz?

- z.T.: keine Besonderheiten: normale Zweck-Mittel Relation zwischen Differenzierungskriterium und Differenzierungsziel
- z.T.: Entsprechungsprüfung statt Zweck-Mittel Relation: können sachliche Gründe die Ungleichbehandlung im Hinblick auf die gleichen und ungleichen Eigenschaften aufwiegen?

### 5. Besondere Rechtsfolgen

bei gleichheitswidrigen Begünstigungen i.d.R. bloße Feststellung der Verfassungswidrigkeit ohne Nichtigkeitserklärung

## II. Besondere Anforderungen aus Art. 3 II, III GG

### 1. Grundsatz

Verschärfung des Rechtfertigungsmaßstabs: die Kriterien des Art. 3 II, III GG rechtfertigen grds. gerade keine unterschiedliche Behandlung; Diskriminierungs- / Anknüpfungsverbot

### 2. verbotene Anknüpfungspunkte

Geschlecht (Abs. 3) = Männer und Frauen (Abs. 2)

Abstammung = biologische Beziehung zu Vorfahren

Rasse = Gruppe mit (vermeintlichen) vererbbaren Merkmalen

Sprache

Heimat = emotional besetzte (hM) örtliche Herkunft eines Menschen nach Geburt oder Ansässigkeit

Herkunft = soziale, schichtenspezifische Abstammung

Glauben = religiöse Anschauungen (wie Art. 4 I GG)

politische Anschauungen

Behinderung = nicht nur vorübergehende Beeinträchtigung der körperlichen, geistigen oder seelischen Funktionen

### 3. Insbes.: Gleichberechtigung von Mann und Frau

Ausnahme bei biologischen (≠ funktionalen) Unterschieden

Sehr str.: Quotenregelung
contra: - umgekehrte Diskriminierung
pro: - Art. 3 II 1 GG als Gruppengrundrecht
    - Art. 3 II 2 vorrangig gegenüber Art. 3 II 1 GG

wichtig: bei Diskriminierung im Berufsleben starke europarechtliche Aspekte!

## K. Glaubens- und Gewissensfreiheit, Art. 4 GG

### I. Grundaufbau

- mehrere Grundrechte?
  BVerfG: Abs. 1+2 bilden ein Grundrecht, Abs. 3 ist lex specialis
- einheitlicher Schutzbereich?
  hM: ja, einheitlicher Schutz von Glauben (Religion), Gewissen, Weltanschauung; keine Unterschiede oder Lücken
- Verhältnis zu Art. 140 GG i.V.m. WRV?
  BVerfG: Art. 140 GG wird von Art. 4 GG „überlagert"

### II. Religions- und Weltanschauungsfreiheit

#### 1. Schutzbereich

##### a. Begriffe

- Religion/Glauben → schwer zu definieren
  möglich z.B. „Überzeugung des Einzelnen von der Stellung des Menschen in der Welt und seinen Beziehungen zu höheren Mächten oder tieferen Seinsschichten" (Manssen)
- Weltanschauung: nichtreligiöses Sinnsystem (Gegenbegriff zu Glauben)
beachte: Größe und Bedeutung unerheblich!

##### b. geschütztes Verhalten

Bilden, haben, bekennen, verbreiten, demgemäß handeln
positive wie negative Freiheit

### c. Problematik

Gefahr möglicher Ausuferung des Schutzbereichs

Lösung: vorsichtige Objektivierung durch:

- Bürger muß plausibel darlegen, daß sein Verhalten tatsächlich glaubensgeleitet ist
- Handeln nur wenn geboten, nicht, wenn nur erlaubt
- muß sich „auch tatsächlich, nach geistigem Gehalt und äußerem Erscheinungsbild, um eine Religion und Religionsgemeinschaft handeln" (BVerfG)
- aufgegebene Rspr: Kulturadäquanzklausel

aber: Rechtfertigung und Begrenzung von Objektivierungen?

### d. Kollektive Freiheit

auch die kollektive Freiheit ist von Art. 4 I, II GG umfaßt (hM)

zusätzlich Selbstbestimmungsrecht der Religionsgemeinschaften, Art. 140 GG i.V.m. 137 III WRV;

Problem: kein Grundrecht, wird aber im Rahmen des Art. 4 GG mitgeprüft

Sonderfall: Religionsgemeinschaften als Körperschaften öff. Rechts, Art. 140 GG i.V.m. Art. 137 V WRV

beachte: ≠ sonstige Körp. öff. Rechts zählen sie nicht zum Staat!

### 2. Eingriff

staatliche Eröffnung von Alternativen kann Eingriff vermeiden

Berufen auf Glauben / Weltanschauung schließt Recht auf Verschweigen aus

### 3. Schranken

vorbehaltlos → nur verfassungsimmanente Schranken

Gesetzesvorbehalte der WRV werden von Art. 4 I überlagert (hM); jedoch:
- Art. 136 III 2 WRV hat Bedeutung erlangt;
- bei kollektiver Glaubensfreiheit und nicht rein innerkirchlichen Angelegenheiten: Art. 137 III 1 WRV, Schranke der für alle geltende Gesetze

### 4. Obj.-rechtliches Verhältnis von Staat und Kirche, Art. 4, 140 GG

- Neutralität des Staates, Identifikationsverbot
- aber nicht: Laizismus, strikte Trennung von Staat und Kirche (sd. „hinkende" oder „koordinative" Trennung)

### III. Gewissensfreiheit

ebenso wie Glaubens- und Weltanschauungsfreiheit zu behandeln (oft: ein einziges GR)

Gewissen: jede ernste, sittliche, d.h. an den Kategorien von Gut und Böse orientierte Auffassung, die der Einzelne als für sich bindend innerlich erfährt

## IV. Recht auf Kriegsdienstverweigerung, Art. 4 III GG

hM: lex specialis zu Art. 4 I, II GG

beachte auch Art. 12a II GG

Dienst mit der Waffe = nicht nur Führen und Benutzen, sondern auch Dienst im Zusammenwirken mit Waffenbenutzung

Kriegsdienst: auch schon im Frieden

str. ob universelle Ablehnung des Krieges oder auch nur bestimmter Arten von Kriegen (sog. situationsgebundene KDV)


## L. Eigentum, Art. 14 GG

### I. Eigentumsgarantie

#### 1. Instituts- und Bestandsgarantie

Institut des Eigentums i.S. eines Grundbestands von Normen garantiert:
- Privatnützigkeit
- grundsätzliche Verfügungsbefugnis

Bestand des jeweiligen Eigentums für den Einzelnen gesichert; Eingriffe nur unter den Voraussetzungen des Art. 14 GG

## 2. Begriff des Eigentums

### a. Grundsatz

- eigenständiger verfassungsrechtlicher Begriff
- vermögenswertes Recht, das zur privaten Nutzung und grds. zur eigenen Verfügung zugeordnet (Leitbild: Sacheigentum)
- konkret aus der Zusammenschau aller privat- und öffentlich-rechtlichen Vorschriften
- nicht: Vermögen als solches (Steuern; sehr str.)
  Ausnahme: erdrosselnde Wirkung

*Mietrecht ist Eigentumsrecht*

*Geldleistungspflichten → kein Eingriff ins Eigentum*

### b. Einzelfragen

(1) eingerichteter und ausgeübter Gewerbebetrieb
- jedenfalls über § 823 I BGB geschützt
- BVerfG bejaht Einbeziehung in Art. 14 GG ausdrücklich *nicht*, sd. läßt offen; aber starke Gegenmeinung in Literatur und Rspr.
- beachte: nach allg. Ansicht sind die einzelnen Eigentumspositionen jedenfalls geschützt, nicht hingegen bloße Erwerbschancen

*auch Wissen der Firma ist geschützt*

(2) öffentlich-rechtliche Rechtspositionen

geschützt wenn privatrechtlichen Positionen vergleichbar, d.h.:
- ausschließliche und privatnützige Zuordnung
- aufgrund nicht unerheblicher Eigenleistung
- dient Existenzsicherung

*Rente Eigentum (Kindergeld, Sozialhilfe usw. kein Eigentum)*

(3) Art. 14 GG schützt das Erworbene, Art. 12 GG den Erwerb

## II. Inhalts- und Schrankenbestimmung

### 1. Begriff

= generell-abstrakte Festlegung von Eigentumsrechten und -pflichten durch den Gesetzgeber

Differenzierung zwischen Inhaltsbestimmung und Schrankenbestimmung nicht erforderlich (str.)

### 2. Einordnung von Einzelfalleingriffen

z.T.: „sonstiger Eingriff"

z.T.: Vollzugsakt als bloße Aktualisierung der gesetzlichen Beschränkung und damit als Fall der Inhalts- und Schrankenbestimmung

beachte: enteignender Eingriff und enteignungsgleicher Eingriff sind keine Fragen des Eigentumsgrundrechts, sondern einfachrechtliche Institute (Aufopferungsansprüche)

## III. Enteignung

### 1. Begriff der Enteignung

= zielgerichtete, durch Rechtsakt bewirkte, vollständige oder teilweise Entziehung konkreter Eigentumspositionen

#### a. zielgerichtet

#### b. durch Rechtsakt

Legal- oder Administrativenteignung

nicht durch Realakt oder privaten Rechtsakt

#### c. vollständig oder teilweise

„teilweise" → nur bei rechtlich abtrennbarem Teil

#### d. Entziehung ≠ Übertragung

## 2. Anspruch auf Entschädigung

### a. Enteignung

### b. zum Wohl der Allgemeinheit

(1) Gemeinwohl wird grds. vom demokratischen Gesetzgeber mit weiter Gestaltungsfreiheit festgelegt

(2) Enteignung zugunsten Privater wenn:

- im Einzelfall dem Gemeinwohl dient
  - unmittelbar: Daseinsvorsorge;
  - mittelbar: z.B. Wirtschaftsstruktur, Arbeitsplätze
  und:

- die Erfüllung des Gemeinwohlzwecks sichergestellt ist;
  - unmittelbar → Aufgabe der Daseinsvorsorge muß erfüllt;
  - mittelbar → besondere Anforderungen: gesetzliche (!) Festlegung, unter welchen Voraussetzungen für welche genauen Zwecke *plus* dauerhafte und effektive Sicherung des Gemeinwohlbezugs des Unternehmens durch materielle und verfahrensrechtliche Regelungen
  - dann: Entschädigungspflicht des Privaten möglich

### c. Verhältnismäßigkeit

### d. Junktimklausel

- Anspruchsgrundlage stets nur Gesetz, nie Art. 14 III GG selbst!
- sog. salvatorische Klauseln („stellt eine Anordnung eine Enteignung dar, so ist dafür Entschädigung zu leisten")
  → jdf. unter formalisiertem Enteignungsbegriff unzulässig (ganz hM)

## 3. Umfang der Enteignungsentschädigung

### a. In der Praxis

- nicht alle Vermögenseinbußen in Gegenwart und Zukunft (Schadensersatz),
- sondern Verkehrswert (Entschädigung)
- und gewisse Folgekosten

### b. Verfassungsrechtlich

- gerechte Interessenabwägung, Art. 14 III 3 GG
  ≠ „angemessene", volle Entschädigung (WRV);
  läßt vielmehr „wie es die Gerechtigkeit fordert, freien Spielraum von einer bloßen nominellen bis zur vollen Entschädigung"
  (Entwurfsbegründung des Parl. Rates)
- Interessenabwägung ist sachliche Rechtfertigung i.S.v. Art. 3 I GG (Lastengleichheit); Art. 14 III 3 GG ist lex specialis

---

- BVerfG: keine starre, allein am Marktwert orientierte Entschädigung, Gesetzgeber kann auch darunter festlegen
  → also: Bestandsgarantie wird zu Wertgarantie, aber nicht in voller Höhe; Abwägungsspielraum des Gesetzgebers
- Abwägungsgesichtspunkte: z.B. nachhaltiger Eingriff in Rechtssphäre, Bedeutung für persönliche Entfaltung; Sozialbindung, Wertsteigerung nur durch staatliche Maßnahmen, finanzielle Möglichkeiten des Staates (sehr str.)

## IV. Ausgleichspflichtige Inhaltsbestimmung

### 1. Grundlagen und dogmatische Struktur

finanzieller Ausgleich kann unverhältnismäßige Inhaltsbestimmung verfassungsmäßig i.S.v. Art. 14 I 2 GG machen

Ausgleich nur, wenn und soweit gesetzlich vorgesehen

#### a. Voraussetzungen der Ausgleichspflicht

- Begrenzung auf Härten im *Einzelfall* (≠ generell)
  Arg: - so von BVerfG hergeleitet
  - Gesetz muß grds. Eigentumsgarantie wahren
  - genereller Verstoß gegen Eigentumsgarantie wird nicht durch etwa finanz. Ausgleich verfassungsgemäß;
  - Unterschied zur Enteignung;
  - Inhaltsbestimmung grds. nicht von Ausgleich abhängig

- Verfassungswidrigkeit nach allg. GR-Lehren
  Lit. z.T.: Sonderopfertheorie etc. heute zur Abgrenzung Inhaltsbestimmung ohne / mit Ausgleich
  → wg. Unbestimmtheit der Theorien kaum zu widerlegen
  Lit. z.T.: keine Ausgleichspflicht wenn völlig unvorhersehbar
    Arg: - unvorhersehbares nicht gesetzlich regelbar

#### b. Anforderungen an Ausgleichsregelungen

- gesetzliche Grundlage
- Ausgleich muß in erster Linie Belastung real vermeiden
  nur wenn im Einzelfall nicht oder nur mit unverhält. Aufwand möglich: finanzieller Ausgleich
- Verfahrensrecht muß sicherstellen, daß Verwaltung gleichzeitig mit Beschränkung über Ausgleich entscheidet
  Arg: unzumutbar, VA in unsicherer Erwartung eines Ausgleichs bestandskräftig werden zu lassen

### c. Ausgleichspflicht in Geld?

- *Pflicht* des Gesetzgebers zu Geldausgleich, nur wenn:
  - bei (Neu-)Regelung von Inhalt und Schranken unverhältnismäßige Belastungen im Einzelfall auftreten und
  - keine andere Art des Ausgleichs (insbes. Übergangs-, Härtefall-, Dispensregelungen) ausreichend
  → also praktisch kaum vorstellbar

### 2. Problem der salvatorischen Klauseln

- entscheidende praktische Auswirkung der ausgleichspflichtigen Inhaltsbestimmung
- Umdeutung gegen Wortlaut, Entstehungsgeschichte, Sinn („Entschädigung falls Enteignung") in „Entschädigung bei im Einzelfall unzumutbarer Inhalts- und Schrankenbestimmung"
- Junktimklausel gilt hier nicht
- aber Problem, welches Maß an Regelungsdichte und Bestimmtheit im Einzelfall erforderlich
- BVerfG 100, 226 jetzt: salv. Klausel erfüllt Anforderungen an Härteausgleich <u>nicht</u>
  verfassR Ende der salvatorischen Klausel!

**M. Die übrigen Grundrechte: Ein Überblick**

- Recht auf Leben und körperliche Unversehrtheit, Art. 2 II 1GG
- Freiheit der Person, Art. 2 II 2 GG
- Rundfunk- und Filmfreiheit, Art. 5 I 2 GG
- Kunst- und Wissenschaftsfreiheit, Art. 5 III GG
- Ehe und Familie, Art. 6 GG
- Schulwesen, Art. 7 GG
- Vereinigungs- und Koalitionsfreiheit, Art. 9 GG
- Brief-, Post- und Fernmeldegeheimnis, Art. 10 GG
- Freizügigkeit, Art. 11 GG
- Unverletzlichkeit der Wohnung, Art. 13 GG
- Ausbürgerung und Auslieferung, Art. 16 GG
- Asyl, Art. 16a GG
- Prozeßgrundrechte, Art. 19 IV, 101 1 2, 103 I, 103 II, 103 III GG
- Petitionsrecht, Art. 17 GG

# Grundkurs Verfassungsrecht

## – 2. Teil: Staatsorganisationsrecht –

**A. Rechtsstaat**

„Rechtsstaatlichkeit bedeutet, daß Ausübung staatlicher Macht nur auf der Grundlage der Verfassung und von formell und materiell verfassungsmäßig erlassenen Gesetzen mit dem Ziel der Gewährleistung von Menschenwürde, Freiheit, Gerechtigkeit und Rechtssicherheit zulässig ist." (Stern)

→ Komplexität und Vielschichtigkeit des Rechtsstaatsbegriffs

## I. formeller und materieller Rechtsstaat

historisch bedingte Unterscheidung nach der Abhängigkeit von einem spezifischen (demokratischen) Inhalt

„Legalität indiziert Legitimität"

Grundgesetz positiviert zentrale Gerechtigkeitsprinzipien

## II. Gewaltenteilung

### 1. Die Trennung der drei Gewalten

historisch: Montesquieu, „De l'esprit des lois" (1748)

Grundgedanke: Verhinderung des Mißbrauchs staatlicher Gewalt durch Teilung und damit Mäßigung zum Wohle der Freiheit des Einzelnen

1. gesetzgebende Gewalt (Legislative)

2. vollziehende Gewalt (Exekutive) = Regierung und Verwaltung

3. rechtsprechende Gewalt (Judikative)

### 2. Gewaltenvermischung und -verschränkung

Gewalten im funktionellen (materiellen) und im organisatorischen (formellen) Sinn müssen nicht übereinstimmen; Überschneidungen zulässig, außer im Kernbereich

Sinn der Gewaltenteilung: nicht scharfe Trennung sondern gegenseitige Kontrolle und Begrenzung → „checks and balances"

### 3. Neuzeitliche Aspekte der Gewaltenteilung

- Vertikale Gewaltenteilung: Föderalismus
- Gewaltenteilung in der parlamentarischen Demokratie: Regierung und Opposition
- Massenmedien als „vierte Gewalt"

### III. Vorrang und Vorbehalt des Gesetzes

#### 1. Die Normenhierarchie

##### a. Der Gesetzesbegriff

Gesetz im formellen Sinn = Parlamentsgesetz

Gesetz im materiellen Sinn = jede Rechtsnorm (generell-abstrakte Regelung)

##### b. Geschriebene Rechtsquellen

(1) Verfassung

(2) Europarecht

aa. primäres Gemeinschaftsrecht (insbes. Gründungsverträge, Gemeinschaftsgrundrechte)

---

#### bb. sekundäres Gemeinschaftsrecht

- Verordnungen, Art. 249 II EGV
  gelten unmittelbar in allen Mitgliedstaaten:
  deutsche Behörden und Gerichte wenden sie ohne weiteres an, Bürger muß einhalten und kann sich darauf berufen
- Richtlinien, Art. 249 III EGV
  - grds. nur an Mitgliedstaat als solche, bedarf der Umsetzung durch nationales Recht; keine unmittelbare Wirkung für Bürger, keine Anwendung durch dt. Behörden und Gerichte
  - aber: unmittelbare Wirkung wenn:
    - Umsetzfrist abgelaufen und Richtlinie nicht oder unzulänglich umgesetzt, und
    - Richtlinie inhaltlich unbedingt und hinreichend genau, und
    - Bestimmungen der Richtlinie verleihen dem Einzelnen Rechte
  - das nationale Recht ist richtlinienkonform auszulegen

### (3) Formelles Gesetz

### (4) Verordnung (VO)

= von der Exekutive erlassene Rechtsnormen

### (5) Satzung

= Rechtsvorschriften, die von einer dem Staat eingeordneten, selbständigen juristischen Person des öff. Rechts im Rahmen der ihr gesetzlich verliehenen Autonomie mit Wirkung für die ihr angehörigen und unterworfenen Personen erlassen werden

### (6) Exkurs: Verwaltungsvorschriften

= verwaltungsinterne Regelungen ohne unmittelbare (!) Außenwirkung

---

### c. Rangordnung: Grundregeln

- Europarecht vor nationalem Recht
  Problem: nationales Verfassungsrecht (Art. 23 I GG; Brückentheorie; ausbrechender Rechtsakt)
- Bundesrecht bricht Landesrecht (Art. 31 GG)
- Verfassung > form. Gesetz > VO > Satzung

### 2. Vorrang des Gesetzes

= jegliches staatliche Handeln darf nicht gegen höherrangiges Recht verstoßen

aus Verbindlichkeit der Gesetze und Art. 20 III GG

keine unmittelbare Aussage über Verletzungsfolgen

### 3. Vorbehalt des Gesetzes

= Verwaltung darf nur handeln, wenn sie dazu durch Gesetz ermächtigt wurde

#### a. Herleitung

str., ob aus Art. 20 III GG, Demokratieprinzip, Grundrechte, Rechtsstaat; wohl: aus Zusammenschau all dieser Elemente

#### b. Was ist „Gesetz" i.S.d. Gesetzesvorbehalts?

nur das formelle Gesetz (= Parlamentsgesetz), str.

dann Parlamentsvorbehalt weitgehend identisch mit Gesetzesvorbehalt, str.

Ausnahme: bei schlichten Parlamentsbeschlüssen

#### c. Reichweite des Gesetzesvorbehalts

##### (1) Grundsatz

klassische Formulierung, 19. Jh.: Eingriffe in Freiheit und Eigentum

heute: Ausweitung im Hinblick auf Rechtsstaat und parl. Demokratie
aber kein sog. Totalvorbehalt, Arg: Gewaltenteilung, Praktikabilität

##### (2) Wesentlichkeitstheorie (BVerfG)

###### aa. Drei Aussagen:

- Wesentliches muß <u>durch</u> Gesetz geregelt sein.
- Das Wesentliche muß <u>im</u> Gesetz geregelt sein.
- Je wesentlicher die Angelegenheit, desto genauer muß die gesetzliche Regelung sein.

### bb. Was ist wesentlich?

Faustregeln:

- Angelegenheiten kraft grundgesetzlicher Wertung (insbes. klassische Grundrechtseingriffe; Art. 80 I 2 GG)
- alle grundrechtsrelevanten Maßnahmen von einiger Bedeutung („wesentlich für die Verwirklichung der Grundrechte")
- „sonst Wesentliches"
  z.B. Einrichtung jur. Personen, Zuständigkeiten, Grundzüge des Verwaltungsverfahrens, Ausschluß der übergeleiteten Haftung nach Art. 34 S. 1 GG

### (3) Spezielle Bereiche

- Eingriffsverwaltung
  Gesetzesvorbehalt gilt unproblematisch immer
- Leistungsverwaltung
  sehr str.; problematisch v.a. im Subventionsrecht; Details im VwR AT

- behördliche Warnungen
  Realakte, sehr str.; Details im VwR AT
- früher sog. „besonderes Gewaltverhältnis"
  - früher: bei bes. enger Beziehung Staat – Bürger (z.B. Schüler, Strafgefangen, Wehrdienstleistende) wird der Bürger in den Verwaltungsbereich einbezogen, sodaß Grundrechte und Gesetzesvorbehalt nicht gelten, sondern von vornherein so beschränkt sind, wie es der Anstaltszweck erfordert
  - heute ganz hM: als Rechtsfigur aufgegeben; es gelten die allgemeinen Grundsätze;
    also: Gesetzesvorbehalt soweit wesentlich

## IV. Meßbarkeit und Verläßlichkeit, insbes. bei Gesetzen

Meßbarkeit = staatliche Akte müssen nachträglich anhand hinreichend klarer Normen kontrolliert werden können und müssen anhand solcher Normen hinreichend vorhersehbar sein

Verläßlichkeit = Bürger muß sich auf staatliche Akte hinreichend verlassen können, sie müssen für ihn berechenbar und verständlich sein

### 1. Rechtssicherheit und Vertrauensschutz, insbes. Rückwirkungsverbot

Rückwirkung im Strafrecht: Art. 103 Abs. 2 GG

#### a. Unterscheidung echte / unechte Rückwirkung

allgemeines Rückwirkungsverbot, unterscheide:

- echte Rückwirkung ≈ Rückbewirkung von Fehlerfolgen
  Gesetzgeber greift nachträglich in Tatbestände ein, die in Vergangenheit bereits abgeschlossen, deren Rechtsfolgen in Vergangenheit eingetreten
  → bei Belastung grundsätzlich unzulässig

- unechte Rückwirkung ≈ tatbestandliche Rückanknüpfung
  Eingriff in Tatbestände, die in Vergangenheit ins Werk gesetzt wurden, deren Rechtsfolgen aber erst noch eintreten
  → grundsätzlich zulässig

beachte: die Abgrenzung zwischen echter und unechter Rückwirkung im Einzelfall ist oft ungemein schwierig

#### b. Rechtsfolgen echter / unechter Rückwirkung

Belastung durch echte Rückwirkung ausnahmsweise zulässig bei zwingenden Interessen des Allgemeinwohls oder bei nicht (mehr) vorhandenem schutzbedürftigem Vertrauen; d.h.:

- mit der Regelung war zu rechnen
  (auch: Neuerlaß formell ungültiger Normen)
- bei bislang unklarer und verworrener Rechtslage
- in Bagatellfällen
- u.U. bei sonstigen zwingenden Belangen des Gemeinwohls

Unechte Rückwirkung kann bei Belastung ausnahmsweise verfassungswidrig sein, wenn sich das Vertrauensschutzinteresse im Einzelfall gegen das Wohl der Allgemeinheit durchsetzt

### c. Vertrauensschutz im übrigen

beachte: grds. kein schutzwürdiges Vertrauen in Fortbestand einer günstigen Rechtslage

Vertrauensschutz möglich; Voraussetzungen:
- Dispositionen aufgrund schutzwürdigen Vertrauens
- Abwägung mit Zielen des Gesetzes

### 2. Bestimmtheit und Klarheit

Bedeutung insbes. im grundrechtsrelevanten Bereich

im Strafrecht streng gehandhabt: Art. 103 Abs. 2 GG = Analogieverbot

### V. Verhältnismäßigkeit

gilt nicht nur im Bereich der Grundrechtsprüfung, sondern ist bei allen Entscheidungsspielräumen der Staatsgewalt zu beachten; z.B.:
- Verwaltung bei Ermessen
- Rechtsprechung bei Strafzumessung

nach hM gilt Verhältnismäßigkeit nicht zwischen Teilen oder Organen des Staates;
bes. str. allerdings: Staat – Gemeinde

## VI. Exkurs: Rechtsweggarantie, Art. 19 Abs. 4 GG

### 1. Wer ist „öffentliche Gewalt"?

- Keine Akte der Rechtsprechung = keine Garantie eines Instanzenzuges (weitgehend hM)

  pro:
  - könnte sonst unendlichen Instanzenzug fordern
  - nur eine Instanz ist historisch und bis heute bekannt und akzeptiert
  - Art. 19 Abs. 4 gewährt Rechtsschutz durch den Richter, nicht gegen den Richter (Dürig)
  - untere Instanzen sind ebenso vertrauenswürdig wie höhere

  contra:
  - Gefahr eines unendlichen Instanzenzugs läßt sich auch durch Abwägung mit Rechtssicherheit umgehen
  - Dürigs Argument ist zirkulär

- Akte des parlamentarischen Gesetzgebers? → wohl hM: nein

  pro:
  - Klagen unmittelbar gegen Gesetz sind in Art. 93, 100 GG speziell geregelt
  - auch Verfassungstradition fordert kein Anspruch auf Klage gegen Gesetz

  contra:
  - Art. 19 Abs. 4 GG bricht gerade mit der einschlägigen Verfassungstradition
  - Einbeziehung der Legislative fordert nicht Rechtsweg unmittelbar gegen Gesetz sondern verweist auf Ausformung durch den – verfassungsgemäßen – gegenwärtigen Rechtszustand; Sicherung nur für unzumutbare Erschwerung im Einzelfall

## 2. Behauptung, „in seinen Rechten" verletzt zu sein
### a. Beschränkung auf eigene Rechte
= subjektive Rechte

≠ nur objektives Recht

- obj. Recht = Summe der Rechtssätze
- subj. Recht = die einem Subjekt durch eine Rechtsnorm zuerkannte Rechtsmacht, zur Verfolgung eigener Interessen von einem anderen ein bestimmtes Tun, Dulden oder Unterlassen zu fordern (klass. Def.)

beachte: Art. 19 Abs. 4 GG begründet keine subjektiven Rechte sondern setzt sie voraus

Ein subjektives Recht liegt vor, wenn die objektive Rechtsnorm zumindest neben der Allgemeinheit auch den Einzelnen schützen will; nicht wenn der Einzelne nur als Teil der Allgemeinheit geschützt wird (bloßer Reflex). (sog. Schutznormtheorie) → Details im VwR

### b. Bloße Behauptung
reicht – entgegen Wortlaut des Art. 19 Abs. 4 GG – aus

### 3. Rechtsweg
= Rechtsweg zu Gerichten i.S.v. Art. 92 GG

### 4. Effektiver Rechtsschutz
= Verfahren darf nicht so angelegt sein, daß Rechtsschutz vereitelt oder unzumutbar erschwert wird

### VII. Exkurs: Die Ewigkeitsgarantie, Art. 79 Abs. 3 GG
entzieht Menschenwürde und die Staatorganisationsprinzipien des Art. 20 GG der Abänderung durch den Verfassungsgeber

Abänderbarkeit des Art. 79 III GG selbst? → nein (str.)

Grundrechte (Art. 2–19 GG) erfaßt? → grds. nicht, aber Mindestbestand über Art. 20, 1 III GG

## B. Demokratieprinzip

### I. Grundgedanken

"government of the people, by the people, for the people" (Abraham Lincoln)

Volkssouveränität in Form der parlamentarischen Demokratie: das Volk herrscht indirekt durch Wahl eines Repräsentativorgans, nicht direkt durch Abstimmungen

### II. Demokratische Legitimation

drei Formen:
- funktionell-institutionelle Legitimation
- organisatorisch-personelle Legitimation
- sachlich-inhaltliche Legitimation

→ entscheidend ist aber das Gesamtniveau an Legitimation; nur vollständiger Wegfall eines Einzelelements ist unzulässig

### III. Zustimmung der Beherrschten als Grundgedanke

Angriffsziel: „Autorität, nicht Majorität"

Zustimmung aber nicht zu jedem Einzelakt erforderlich

„Identität von Herrscher und Beherrschten"? → Essenz der Demokratie oder Hochstilisierung zu ihrer Bekämpfung? (sehr str.)

### IV. Demokratie als Prozeß

Rückkoppelung durch die öffentliche Meinung → Demokratie setzt freie Willens- und Meinungsbildung voraus

Willens- und Meinungsbildung endet nicht mit der staatlichen Entscheidung → Kritik, Kontrolle und Weiterdrängen

→ Transparenz und Offenheit staatlicher Tätigkeit; aber keine unumschränkte Publizitätspflicht

Überschätzung der Kapazitäten der Bevölkerung? → undemokratisches Argument; in der Demokratie muß Fähigkeit der Bürger zu gleicher Meinungs- und Willensbildung *unwiderleglich* vermutet werden

## C. Sozialstaatsprinzip

sozialer Rechtsstaat als Ergänzung zum liberalen Rechtsstaat

Garantiert wird ein Mindestmaß an sozialer Sicherheit und Gerechtigkeit

Legitimiert werden auch weit darüber hinausgehende soziale Regelungen

→ wird vornehmlich vom Gesetzgeber entfaltet

Mindestgarantie soziale Sicherheit wohl:
- prinzipielle Sicherheit gegen Erwerbsunfähigkeit
- prinzipielle Sicherheit gegen Arbeitslosigkeit
- Mindestsicherung durch Sozialhilfe

Mindestgarantie soziale Gerechtigkeit wohl:
- Mindestschutz gegen überwiegende Marktmacht (Verbraucherschutz, Mietrecht, Arbeitsrecht)

Exkurs: Staatszielbestimmungen Umweltschutz und Tierschutz, Art. 20a GG

## D. Republik

≠ Monarchie

## E. Bundesstaatsprinzip

Grundentscheidung für Föderalismus, an anderen Stellen im GG detailliert ausgeformt (insbes. Art. 70ff., 83ff., 104a ff. GG)

Bundesstaat ≠ Staatenbund

→ Staatlichkeit auch der Länder; vgl. auch Art. 30 GG

grds. Verfassungsautonomie der Länder, Art. 28 GG

vertikale Gewaltenteilung

# F. Bundestag
## I. Wahlperiode, Verfahren, Struktur
### 1. Wahlperiode
durch Wahl, Art. 39 GG

Vorzeitige Auflösung? – Möglichkeiten bei:
- Kanzler mit nur relativer Mehrheit, Art. 63 Abs. 4 S. 3 GG
- Vertrauensfrage, Art. 68 GG
  → materielle Auflösungslage erforderlich?
  hM: ja, aber bloße Instabilität reicht; erheblicher pol. Beurteilungsspielraum
  BVerfGE 114, 121 ff.: Grenze erst, wenn keine andere Einschätzung eindeutig vorzuziehen; Art verdeckte Minderheitslage reicht aus

### 2. Verfahren
Details in GeschOBT

Mehrheitsformen:
- Mitgliedermehrheit („Kanzlermehrheit"), Art. 121 GG
- einfache Mehrheit (Abstimmungsmehrheit), Art. 42 Abs. 2 S. 1 GG
- qualifizierte Abstimmungsmehrheit
- qualifizierte Mitgliedermehrheit
- doppelt qualifizierte Abstimmungsmehrheit

### 3. Struktur
#### a. Präsident, Ältestenrat
Präsident, Art. 40 GG
Ältestenrat

#### b. Ausschüsse
vorbereitende Beschlußorgane
verkleinertes Abbild des Plenums

#### c. Fraktionen
Doppelstellung: Organteil und juristische Person des Zivilrechts
praktische überragende Bedeutung
Mindeststärke: 5%, vgl. § 10 Abs. 1 GOBT

## II. Gesetzgebung
### 1. Verfahren im BT
Initiative:
- Bundesregierung
- aus der Mitte des Bundestages
- Bundesrat

Beratung: die drei Lesungen des Gesetzes
Abstimmung mit grds. einfacher Abstimmungsmehrheit
Beschlußfähigkeit

### 2. schlichte Parlamentsbeschlüsse
gegenständlich nicht begrenzte Meinungsäußerungen, grds. ohne rechtliche Bindungswirkung

### III. Rechtsstellung der Abgeordneten
#### 1. Das freie Mandat, Art. 38 Abs. 1 GG
- Widerspruch zur parteigebundenen Wirklichkeit?
- Möglichkeit eines parteigebundenen Mandats? → ganz hM: nein
- Fraktionsdisziplin? ganz hM:
  grds. zulässig, einschließlich Sanktionen, Art. 21 GG
  ≠ Fraktionszwang

#### 2. Indemnität
Indemnität = Freiheit des Abgeordneten von jeglicher Verantwortung für sein parlamentarisches Handeln; Art. 46 Abs. 1 GG
jegliche ≠ nur strafrechtliche
parlamentarisch ≠ außerhalb BT

#### 3. Immunität
Immunität = Freiheit von staatlicher (Straf-)Verfolgung, Art. 46 Abs. 2–4 GG
Zweck: Sicherung der Funktionsfähigkeit des Parlaments
beachte:
- betrifft alle, auch private Tätigkeiten
- endet mit der Abgeordnetenstellung

in der Praxis oft: generelle Vorabgenehmigungen; Delegation an den Immunitätsausschuß

#### 4. Weitere Rechte und Pflichten
- Recht auf angemessene Redezeit und Mitarbeit in einem Ausschuß
- Recht auf angemessene Entschädigung, Art. 48 III GG
- Verhaltensregeln nach § 44b AbgG, ohne rechtliche Sanktionen

## IV. Untersuchungsausschüsse

Enquêterecht, Art. 44 GG; Details seit 2001 im PUAG

v.a. ein Minderheitenrecht

Voraussetzungen an Untersuchungsgegenstand:
- hinreichend bestimmt
- verfassungsrechtlich zulässig (Feststellung von Tatsachen und deren pol. Bewertung; innerhalb Zuständigkeit des BT)
- öffentliches Interesse

Beweiserhebung analog StPO, Art. 44 II 1 GG

# G. Bundesrat

## I. Funktion, Zusammensetzung, Verfahren

BR = Verfassungsorgan des Bundes

Mitglieder = bestellte Mitglieder der Landesregierungen; im Außenverhältnis nicht weisungsgebunden

Mitglieder ≠ Stimmen

Pflicht zu einheitlicher Stimmabgabe, Art. 51 Abs. 3 S. 2 GG

Präsidentschaft rotiert jährlich unter den Ministerpräsidenten

## II. Mitwirkung an der Gesetzgebung

### 1. Einspruchs- und Zustimmungsgesetze

#### a. Unterscheidung und Folgen

Zustimmungsgesetz → bedarf der Zustimmung des BR (Verhinderungsmöglichkeit)

Einspruchsgesetz → Einspruch des BR kann vom BT mit qualif. Mehrheit überstimmt werden (Verzögerungsmöglichkeit)

Bundesgesetze sind Einspruchsgesetze, außer das GG erklärt sie ausdrücklich zu Zustimmungsgesetzen

beachte: mit der Abgrenzung Bundes- / Landeszuständigkeit hat das nichts zu tun!

Faustregel: ZustimmungsG bei Verfassung, Finanzen, z.T. Verwaltung

Einrichtung der Behörden (Art. 84 Abs. 1, 85 Abs. 1 GG) = Gründung, Ausgestaltung, qualitative Aufgabenzuweisung (str.)

#### b. Problemfall Änderungsgesetz

Änderungsgesetz jdf. zustimmungsbedürftig, wenn:
- Teile geändert, die Ursprungsgesetz zustimmungsbedürftig machten
- selbst Regelungen enthält, die zustimmungsbedürftig sind

zustimmungsbedürftig, wenn Änderungsgesetz isoliert keine Zustimmungsfragen betrifft?

hM: grds. nein
  Arg:
  - BR ist keine zweite Kammer sd. Vertreterin der Länderinteressen
  - jedes Gesetz ist für sich zu prüfen
  contra:
  - Gesetz ist technisch eine Einheit
  - Gesamtverantwortung für Gesetz durch ursprüngliche Zustimmung

Ausnahme lt. hM: bei Systemverschiebung

beachte: Ausweg über Aufspaltung in ein zustimmungsbedürftiges und ein nicht zustimmungsbedürftiges Gesetz ist grds. zulässig

## 2. Vermittlungsausschuß
### a. Verfahren bei Einspruchsgesetzen

Bundesrat *muß* Gesetz entweder zustimmen oder binnen drei Wochen Vermittlungsausschuß anrufen

wenn Vermittlungsausschuß ohne Ergebnis: kann Einspruch, Art. 77 Abs. 3 S. 1 GG

wenn Kompromiß gefunden: zunächst wieder in BT zum erneuten Beschluß; dann BRat, der zustimmt oder Einspruch erhebt

beachte: die Ergebnisse des Vermittlungsausschusses binden nicht

### b. Verfahren bei Zustimmungsgesetzen

grds. gleiches Verfahren wie bei Einspruchsgesetzen, aber:
- kein Zwang zur Anrufung VermA
- verweigerte Zustimmung BRat → BT oder BReg können VermA anrufen

## 3. Endgültiges Zustandekommen des Gesetzes, Art. 78 GG

beachte: Zustandekommen ≠ Inkrafttreten

### a. bei Einspruchsgesetzen

- wenn BRat „zustimmt" = Verzicht auf Einspruch
- VermA nicht binnen 3 Wochen angerufen
- binnen 2-Wochen-Frist kein Einspruch
- Zurückweisung des Einspruchs durch BT

erforderliche Mehrheit für Zurückweisung Einspruch → Art. 77 Abs. 4 GG:
- Mitgliedermehrheit (S. 1) bzw.
- doppelt qualifizierte Mitgliedermehrheit (S. 2)

### b. bei Zustimmungsgesetzen

nur durch ausdrückliche Zustimmung des BRates

### c. Probleme bei streitiger Einordnung des Gesetzes
praktisch: BRat hält für Zustimmungsgesetz, BT für Einspruchsgesetz
→ sinnvoll, daß BRat den VermA anruft

### d. Sachliche Diskontinuität des Bundestags
alle Gesetzesvorlagen, in denen der letzte erforderliche Beschluß des BT noch nicht gefallen ist, verfallen mit Ablauf der Legislaturperiode
beachte: keine Diskontinuität beim BRat

### e. Exkurs: Inkrafttreten der Gesetze, Art. 82 GG
(1) Gegenzeichnung durch BReg, Art. 82 Abs. 1 S. 1, 58 Abs. 1 GG
(2) Ausfertigung und Anordnung der Verkündung durch BPräs
(3) Verkündung im BGBl
→ Gesetz ist jetzt als geltendes Recht existent
(4) Inkrafttreten nach Regelung im Gesetz, sonst nach 14 Tagen, Art. 82 Abs. 2 GG

## H. Bundesregierung
Aufgabe und Bedeutung: oberstes Staatsorgan, politische Führung; rechtlich nur unvollständig faßbar

### I. Bildung der Bundesregierung

#### 1. Kanzlerwahl, Art. 63 GG
Wahl durch BT mit Mitgliedermehrheit auf Vorschlag des Bundespräsidenten
bei Mißlingen:
- kann innerhalb 2 Wochen beliebigen Kandidaten mit Mitgliedermehrheit wählen
- wenn nicht, muß anschließend BT Kanzler wählen
  mit Mitgliedermehrheit: BP muß ernennen
  mit relativer Mehrheit: BP kann ernennen oder BT auflösen

## 2. Bestimmung der Minister, Art. 64 GG

Bundeskanzler entscheidet

## 3. Vertrauensfrage, Art. 68 GG

Vertrauensfrage kann mit anderer Vorlage verbunden werden

Mitgliedermehrheit erforderlich

bei Verbindung mit Vorlage gilt einheitlich das je höhere Mehrheitserfordernis (str.)

bei negativem Ausgang kann BP den BT auflösen

## 4. Konstruktives Mißtrauensvotum, Art. 67 GG

Sturz des BK nur durch Wahl eines neuen BK: verhindert regierungslose Zeit

# II. Rechtliche Arbeitsweise der Bundesregierung

beachte: Verfassung bildet bloßen Rahmen; Realität weitgehend politisch geprägt

## 1. Kanzlerprinzip

### a. Richtlinienkompetenz, Art. 65 S. 1 GG

Richtlinien der Politik = grundlegende politische Entscheidungen

können auch Einzelfallentscheidungen sein, wenn hochpolitischen Charakter (hM)

### b. Organisationsgewalt

Kanzler bestimmt grds. auch Existenz und Zuschnitt der Ministerien soweit nicht im GG vorgegeben (hM)

MM: kann auch durch Gesetz geregelt werden

### 2. Ressortprinzip: selbständige Leitung Geschäftsbereich, Art. 65 S. 2 GG

innerhalb der Richtlinien des BK agieren Minister eigenständig und eigenverantwortlich

politische Verantwortung

### 3. Kabinettsprinzip, Art. 65 S. 3 GG

Entscheidung von Streitigkeit unter Ministern

weitere Zuständigkeiten:
- Gesetzentwürfe, Art. 76 Abs. 1 GG
- Vermittlungsausschuß, Art. 77 Abs. 2 S. 4 GG
- Verwaltungsvorschriften und Aufsicht, Art. 84, 85 GG
- VO, Art. 80 Abs. 1 S. 1 GG
- Haushaltsfragen, Art. 110, 113, 114 GG
- Bundeszwang, Art. 37 GG
- BVerfG, Art. 93 Abs. 1 Nr. 2 – 4 GG

außerhalb der Richtlinienkompetenz hat BK hier keinen Vorrang

## J. Bundespräsident

### I. Funktionen und Wahl

- Repräsentationsfunktion
- Integrationsfunktion
- Reservefunktion

Wahl durch Bundesversammlung, Art 54 GG

### II. Gegenzeichnungspflicht, Art. 58 GG

z.T.: alle amtlichen und politisch bedeutsamen Handlungen und Erklärungen erfaßt
Arg:
- Repräsentation und Integration bei Sinn der Wahrung einer einheitlichen Regierungspolitik
- Normzweck greift immer, wenn BP politisch wirkt

z.T.: nur rechtlich verbindlich Akte erfaßt
  Arg:
  - BP hat auch eigenständige Bedeutung, gerade wegen seiner Integrationsfunktion
  - keine Totalüberwachung des BP
  - „Gültigkeit" i.S.v. Art. 58 GG ist nur bei rechtsverbindlichen Akten möglich
  - politische Zurückhaltung und Vermittlungsfunktion sind über Interorganrespekt (Verfassungsorgantreue) besser herzustellen

## III. Prüfungsrecht, insbes. bei der Gesetzesausfertigung

### 1. formelles Prüfungsrecht

besteht nach allg. Ansicht

Arg:

- Art. 82 Abs. 1 GG „nach den Vorschriften dieses Grundgesetzes zustandegekommenen Gesetze"
- Stellung des BP als „Bundesnotar" der ordnungsgemäße Durchführung prüft

### 2. materielles Prüfungsrecht

- hM: ja; Arg:
- Amtseid ‚Grundgesetz wahren und verteidigen'
- von formellem Prüfungsrecht nicht zu trennen, denn gegen GG verstoßendes Gesetz kann nur als verfassungsändernd zustandekommen; für formelle Prüfung muß also Verfassungsmäßigkeit geprüft werden
- BP ist nicht reine Repräsentationsfigur

- MM: nein; Arg:
- Amtseidargument zirkulär; wenn nicht im GG, dann auch nicht über Amtseid
- BP ist nicht der Hüter der Verfassung (Weimar) sd. BVerfG; BP ist kein Vor-Verfassungsgericht
- demokratische Legitimation des BP

- MM: nur bei eindeutigem Verfassungsverstoß; Arg:
- Gefahr für Ansehen BP bei Fehlentscheidung; Juristenstreit widerspräche Integrationsfunktion
- Parlament bis zu Verfassungsgerichtsentscheidung gehindert, seinen (demokratischen!) Willen durchzusetzen
- nur bei eindeutigem Verstoß wird demokratischem Prinzip und Vorrang der Verfassung hinreichend Rechnung getragen; Nachteil nur, daß verfassungswidrige Gesetze veröffentlicht werden

# K. Wahlrecht

## I. Wahlsysteme

- Verhältniswahl
- Mehrheitswahl
- Deutschland: personalisierte Verhältniswahl mit 5%-Sperrklausel

## II. Wahlgrundsätze, Art. 38 Abs. 1 S. 1 GG

### 1. allgemein

= Teilnahme aller Staatsbürger ohne Unterschied nach Rasse, Religion, Geschlecht, politischer Anschauung

### 2. unmittelbar

= ohne weitere Willensakte zwischen Wahlakt und Bewerber (insbes. Wahlmännersysteme)

### 3. frei
= ohne äußeren, auch nur mittelbaren Zwang oder Druck

### 4. geheim
betrifft Stimmabgabe selbst

### 5. gleich

#### a. passives Wahlrecht
→ Chancengleichheit der Bewerber und Parteien

#### b. aktives Wahlrecht
= gleiche Bewertung und gleicher Einfluß der Stimmen auf das Ergebnis

---

## (1) Zählwert und Erfolgswert?

zwei Formen unterscheidbar:
- Zählwertgleichheit
- Erfolgswertgleichheit

*aber*: unter dem GG ist sowohl Verhältnis- als auch Mehrheitswahl möglich

→ Widerspruch wird von hM über Systembindung gelöst, d.h. bei Verhältniswahlrecht Erfolgswertgleichheit gefordert, bei Mehrheitswahlrecht nicht

Kritik:
- kein numerus clausus der Wahlsysteme sd. gleitende Skala von Wahlordnungen
- auch reine Verhältniswahl setzt Erfolgswertgleichheit nicht voll durch

mögliche Folgen der Kritik:
- Erfolgswertgleichheit durch Erfolgschancengleichheit ersetzen; oder

- Erfolgswertgleichheit gilt immer; Abweichung setzt stets zwingende Gründe voraus

beachte: Wahlrechtsgleichheit ist streng und formal zu verstehen; Abweichung nur aus zwingenden Gründen

### (2) Problem: 5%-Klausel

beeinträchtigt Erfolgswertgleichheit der Verhältniswahl

→ gerechtfertigt zur Erhaltung der Handlungs- und Entscheidungsfähigkeit des Parlaments; Regierungsbildung; Zersplitterungsgefahr

### (3) Problem: Grundmandatsklausel

= ab drei Direktmandaten erhält die Partei die ihr nach Zweitstimmen zustehenden Sitze auch unterhalb der 5%-Klausel

wohl hM: zulässig; Arg:
- Partei mit 3 Direktmandaten zeigt sich politisch bedeutsam

- besondere Akzeptanz in Bevölkerung → Integrationscharakter der Wahl
- Berücksichtigung regionaler Besonderheiten

### (4) Problem: Überhangmandate

Problem: Überhangmandate wären z.B. durch Ausgleichsmandate oder durch Abzug vor Verteilung auf Landeslisten weitgehend vermeidbar

BVerfG entschied 4:4

pro Überhangmandate:
- Direktmandate unterliegen ohnehin nicht der vollen Erfolgswertgleichheit
- geht also um Erfolgschancengleichheit
- allerdings müssen Wahlkreise ungefähr gleich groß sein
- wahrt personales Element

contra:
- ist (personal.) Verhältniswahl mit Bedeutung Erfolgswertgleichheit
- keine zwingenden Gründe vorhanden für Abweichung
- personales Element wird nicht angetastet

## (5) Problem: Effekt des sog. negativen Stimmgewichts

Mandatsverteilungsverfahren kann in Einzelfällen dazu führen, dass eine Partei durch den Gewinn von Zweitstimmen in einem Bundesland Abgeordnetenmandate in diesem oder einem anderen Bundesland einbüßt

Beeinträchtigung der Erfolgswertgleichheit, Erfolgschancengleichheit und Unmittelbarkeit der Wahl

nicht gerechtfertigt, Belange des föderalen Proporzes kein zwingender Grund

Arg.:
- Gesetzgeber hat Bundesstaat und entspr. Parteienaufbau vielfach in Wahlrechtsnormen berücksichtigt, die nicht zu negativem Stimmgewicht führen
- Bundesgesetzgeber nicht verpflichtet, föderative Gesichtspunkte zu berücksichtigen, da Bundestagswahl = Wahl des unitarischen Vertretungsorgans des Bundesvolkes

## III. Wahlprüfung

- zunächst Vorverfahren: Prüfung im BT, vgl. Art. 41 Abs. 1 S. 1 GG iVm WahlprüfG
- dann Wahlprüfungsbeschwerden zum BVerfG möglich, Art. 41 Abs. 2 GG, § 48 BVerfGG

### IV. Wer ist das Volk?

- Wahlrecht für Ausländer möglich?

contra (hM):
- wahlbefugt ist nur das Volk, Art. 38 I 2, 20 II GG
- historisch und systematisch (Präambel, Art. 1 II, 20 IV, 146 GG) sind nur Deutsche das Volk
- Demokratie setzt personale Dauerbeziehung Bürger–Staat voraus, braucht also Homogenität von Staat und Volk
- Wahlrecht also nur für Deutsche i.S.v. Art. 116 Abs. 1 GG

pro:
- Staatsvolk = Lebens- und Schicksalsgemeinschaft der auf dem Staatsgebiet ansässigen
- dann auch Ausländer, die längere Zeit ansässig

• Kommunalwahlrecht für Ausländer, die nicht EU-Bürger sind?

contra (hM):
- Art. 28 I 2 GG „Volk", also Teilgruppe des Staatsvolkes in Art. 20 II 1 GG
- Selbstverwaltung ähnelt Staat
- Verfassungsänderung wäre aber möglich (Art. 79 III GG greift nicht)

pro:
- s.o. für Parlamentswahlen allg.
- Selbstverwaltungskörperschaften sind nicht Staat, also anderes „Volk", nämlich die Verwalteten
- Art. 28 I 2 GG wollte nur die demokratische Wahl der Vertreter sicherstellen

## L. Politische Parteien

### I. Begriff, Funktion, Parteienprivileg

1. Parteibegriff → wie in § 2 Abs. 1 PartG

kommunale Wählervereinigungen sind keine Parteien

2. Mitwirkung bei der politischen Willenbildung des Volkes, Art. 21 GG
→ Parteien haben eigenen verfassungsrechtlichen Status, sind aber nicht staatlich

d.h. Doppelstellung:
- auf Bürgerseite Mittler bei der Willensbildung
- auf Staatsseite, insbes. bei der Wahlvorbereitung, verfassungsrechtlicher Status

3. Parteienprivileg, Art. 21 Abs. 2 GG: über Verfassungswidrigkeit und Verbot entscheidet ausschließlich das BVerfG; ohne dessen Entscheidung darf keine staatlich Stelle von Verfassungswidrigkeit ausgehen

## II. Demokratische Binnenstruktur, Art. 21 Abs. 1 S. 3 GG

Spannungsverhältnis mit (Staats-)Freiheit der Parteien Art. 21 Abs. 1 S. 2 GG

→ insbes. demokratische Willensbildungsprozesse

Aufnahme frei, § 10 Abs. 1 S. 2 PartG, (str.); Ausschluß an strenge Voraussetzungen gebunden, § 10 Abs. 4 PartG

## III. Parteifinanzierung

steht zwischen Staatsfreiheit, Chancengleichheit und staatsbürgerlicher Gleichheit

Grundsätze:

- Teilfinanzierung zulässig, auch über Wahlkampfkostenerstattung hinaus; aber absolute Grenze
- Finanzierung in Abhängigkeit von erreichten Stimmen
- Begrenzung der steuerlichen Begünstigung von Parteispenden

Rechenschaftspflicht, Art. 21 Abs. 1 S. 4 GG

## IV. Chancengleichheit, Art. 21 Abs. 1 i.V.m. Art. 3, 28 Abs. 1 S. 2 GG

ein weiterer spezieller Gleichheitssatz

Gebot strenger Gleichbehandlung: Differenzierungen bedürfen eines besonderen, verfassungsrechtlich tragfähigen Grundes
aber auch: vorgegebene Unterschiede muß der Staat nicht ausgleichen

vgl. § 5 Abs. 1 PartG

## M. Gesetzgebungskompetenzen im Bundesstaat

### I. Kompetenzverteilung im GG

#### 1. Grundsätzliche Zuständigkeit der Länder, Art. 70 GG

findet sich kein Kompetenztitel für den Bund, so sind die Länder zuständig

beachte: nur kompetenzgerechtes Bundesrecht bricht Landesrecht nach Art. 31 GG; zudem: Abweichungsbefugnisse in 72 Abs. 3, 84 Abs. 1 GG

#### 2. Ausschließliche Gesetzgebung des Bundes, Art. 71, 73 GG

beachte: Bundeszuständigkeit auch, wenn sonst im GG von "Bundesgesetz" die Rede ist

#### 3. Konkurrierende Gesetzgebung, Art. 72, 74 GG

Föderalismusreform 2006 => nicht ein sd. drei Typen:

##### a. Kernkompetenzen, Art. 72 Abs. 1 GG

Zuständigkeit des Bundes; Länder nur zuständig solange und soweit Bund keinen Gebrauch macht

##### b. Bedarfskompetenzen, Art. 72 Abs. 2 GG

zusätzlich: Bund nur zuständig bei Erforderlichkeit, Art. 72 Abs. 2 GG

"Herstellung gleichwertiger Lebensverhältnisse": erst wenn sich Lebensverhältnisse in erheblicher, das bundesstaatliche Sozialgefüge beeinträchtigender Weise auseinanderentwickelt haben oder sich dies konkret abzeichnet

"Wahrung der Rechts- und Wirtschaftseinheit":
- Rechtszersplitterung nicht schon als solche sondern erst, wenn problematische Folgen, die im Interesse von Bund und Ländern nicht hinnehmbar
- wenn es um Erhaltung der Funktionsfähigkeit des Wirtschaftsraums der

Bundesrepublik geht, wenn Landesregelung oder Untätigbleiben der Länder erheblich Nachteile für Gesamtwirtschaft mit sich brächten

volle Überprüfung der Begriffe durch das BVerfG; bei Prognosen aber weiterhin Einschätzungsprärogative des Gesetzgebers

eigenes verfassungsgerichtliches Kompetenzkontrollverfahren: Art. 93 Abs. 1 Nr. 2a GG;
Besonderheit: Länderparlamente können einleiten; bes. Form der abstrakten Normenkontrolle

bei Wegfall der Erforderlichkeit: Rückübertragungsbefugnis des Bundes, Art. 72 Abs. 4, 125a Abs. 2 S. 2 GG + spezielles Kontrollverfahren nach Art. 93 II GG vor dem BVerfG

### c. Abweichungskompetenzen, Art. 72 Abs. 3 GG

=> keine Sperrwirkung der Bundesgesetze mehr; Abweichungsbefugnis der Länder

(Anwendungs-)Vorrang nur nach lex posterior Regel; grds. Karenzzeit 6 Monate für Bundesrecht => Ping-Pong nicht ausgeschlossen

Übergangsregel, Art. 125b GG

### II. Ungeschriebene Kompetenztitel

→ nur sehr zurückhaltend anwenden!

- Kompetenz kraft Sachzusammenhangs: materielles Recht im Zusammenhang mit einer geschriebenen Kompetenz
  → wenn ohne Mitregelung nicht verständigerweise geregelt werden kann

- Annexkompetenz: Verfahrensrecht im Zusammenhang mit einer geschriebenen Kompetenz (str.)

- Kompetenz kraft Natur der Sache: eigenständige Kompetenzbegründung
  → wenn zwingend nur vom Bund geregelt werden kann

## N. Ausführung der Bundesgesetze im Bundesstaat

beachte: keine Aufgabenübertragung direkt an Gemeinden und Gemeindeverbände, Art. 84 Abs. 1 S. 7, 85 Abs. 1 S. 2 GG

### I. Ausführung durch Länder als eigene Angelegenheit, Art. 84 GG

rechtlicher und praktischer Regelfall, Art. 83 GG

Behördenorganisation und VwVerfahren regelt auch Land, außer abweichendes Bundesgesetz, Art. 84 I S. 1 GG

Abweichungsbefugnis der Länder, unbeschadet Regelungsrecht des Bundes, Art. 84 Abs. 1 S. 2-4 GG => Ping-Pong?

Ausnahme wg. "besonderen Bedürfnisses nach bundeseinheitlicher Regelung des Verwaltungsverfahrens" mit Zustimmung Bundesrat, Art. 84 Abs. 1 S. 5, 6 GG => Handhabung in Zukunft?

Bundesaufsicht als bloße Rechtsaufsicht, Art. 84 Abs. 3 S. 1 GG

### II. Ausführung durch Länder im Auftrag des Bundes, Art. 85 GG

nur wenn im GG ausdrücklich angeordnet

Behördenorganisation und (str.) VwVerfahren regelt auch Land, außer abweichendes Bundesgesetz mit Zustimmung des Bundesrates, Art. 85 I

Problem: Art. 85 Abs. 1 GG nennt „Verwaltungsverfahren" nicht
hM:
- Redaktionsversehen
- geringere Bundeskompetenz bei größerer Nähe zur Aufgabe nicht einzusehen

MM:
- wegen Art. 84 Abs. 1 GG geht allenfalls als ungeschriebene Kompetenz
- dann aber für Verwaltungsverfahren kein Zustimmungserfordernis

Bundesaufsicht als Rechts- und Fachaufsicht, Weisungsbefugnis, Art. 85 Abs. 3, 4 GG

Bund-Länder-Streit:
- inhaltliche Rechtswidrigkeit der Weisung nicht zu prüfen (str.)
- nur verfassR Prüfung der Inanspruchnahme der Weisungsbefugnis als solcher und ihrer Modalitäten

bei Abgrenzungsproblemen hilfreich: Gesetzgebungskompetenz des Bundes als äußerste Grenze für seine Verwaltungsbefugnisse

### III. Bundeseigene Verwaltung, Art. 86, 87 GG

nur in den im GG aufgezählten Fällen

#### 1. durch Bundesbehörden

##### a. mit eigenem Verwaltungsunterbau,

v.a.:
- Art. 87 Abs. 1 GG (zwingend)
- Art. 87 Abs. 3 S. 2 GG (fakultativ; bei neuen Aufgaben und dringendem Bedarf)

##### b. ohne eigenen Verwaltungsunterbau:

vgl. Art. 87 Abs. 3 S. 1 GG (fakultativ)
Voraussetzung: Aufgabe muß ohne Verwaltungsunterbau zentral wahrnehmbar sein

#### 2. durch bundesunmittelbare Körperschaften und Anstalten

Art. 87 Abs. 2, Abs. 3 S. 1 GG

mittelbare Verwaltung = Verwaltung durch selbständige jur. Personen des öff. Rechts

beachte: es geht um *mittelbare* Bundesverwaltung durch bundes*unmittelbare* Körperschaften und Anstalten

beachte insgesamt: Verwaltungsverfahrensgesetzgebungskompetenz des Bundes ≠ Verwaltungskompetenz des Bundes

### IV. Mischverwaltung; Dritte Ebene

Mischverwaltung Bund / Länder: nach wohl hM unzulässig, wenn nicht im GG vorgesehen

Gemeinschaftsverwaltungen der Länder als „dritte Ebene" → Zulässigkeit str.

beachte aber: Gemeinschaftsaufgaben, Art. 91a, 91b GG